江苏高校"青蓝工程"资助
江苏高校品牌专业建设工程资助项目
Top-notch Academic Programs Project of
Jiangsu Higher Education Institutions

权重衡平

——中国传统权衡器具设计研究

程颖 著

科学出版社

北京

内 容 简 介

本书从权衡器具设计史的视野纵向考察各类传统权衡器具的盛衰消长，把中国传统权衡器具分为"衡范式"和"秤范式"两类设计范式，通过对不同时期权衡器具典型设计范式的比较分析，探求中国传统权衡器具设计从"衡范式"向"秤范式"进化的历史轨迹，厘清传统权衡器具演化的历史进程与一般规律。以设计艺术学基本理论横向研究传统权衡器具的设计特征，从权衡器具的结构设计、形态设计、工艺设计全面关照中国传统权衡器具的设计传统与设计文脉，形成对中国传统权衡器具的本体设计研究。最后从器具与文化辩证关系上，探寻权衡器具设计在设计文化、设计心理等方面与社会生活方式的互渗、互动的动态发展规律。

本书结构清晰，材料充分，视角独特，适合设计史专业学生、设计爱好者学习参考。

图书在版编目（CIP）数据

权重衡平：中国传统权衡器具设计研究 / 程颖著 . —北京：科学出版社，2018.1

ISBN 978–7–03–054430–8

Ⅰ .①权… Ⅱ .①程… Ⅲ .①度量衡器（考古）—研究—中国

Ⅳ .① K875.74

中国版本图书馆 CIP 数据核字（2017）第 220926 号

责任编辑：杜长清 / 责任校对：李 影
责任印制：霍 兵 / 封面设计：铭轩堂广告设计

科 学 出 版 社 出版

北京东黄城根北街 16 号
邮政编码：100717
http://www.sciencep.com

北京汇瑞嘉合文化发展有限公司 印刷

科学出版社发行 各地新华书店经销

*

2018 年 1 月第 一 版 开本：720×1000 1/16
2018 年 1 月第一次印刷 印张：12¼ 插页：1

字数：248 000

定价：128.00 元

（如有印装质量问题，我社负责调换）

序

　　十几年前，当南京艺术学院（简称"南艺"）首次拿到设计学博士点时，我侥幸成为第一批博士生导师，程颖成了我门下第一位女弟子。当时我们正在热火朝天地搞一个项目"中国传统器具设计研究"，程颖自然而然地成为骨干成员。从2003年起，到2011年止，天天守在现场读资料、搞外调、写案例，最后连每天一成不变的盒饭都吃得想吐了，其间每个人（包括我）也都经历了或多或少的私人变故、挫折，风风雨雨、起起伏伏。熬过了无比艰辛的八年，凝聚了包括程颖在内数十位南艺师生心血的《中国传统器具设计研究》一至四卷终于出齐，还获得了首届"中国政府出版奖"。这套书被人视为设计学研究的"经典之作"，我倒是愧不敢当，其实我真的是沾了程颖这些弟子们的光，自己徒有虚名而已。是程颖、王强、梁盛平、韩荣、周亚东、熊伟、张明山、郑静、邱珂、樊进、谢玮等一帮门下博士们的玩命相搏、齐心协力，才成就我今日小有薄名。从这个层面上讲，我应该感谢程颖他们这些可爱可敬的学生们才是。

　　程颖在南艺读博以及我们在一起工作时，我就感受了程颖的三个突出优点。

　　其一是做事爱较真，工作能吃苦。在编撰《中国传统器具设计研究·卷二·草鞋》时，程颖不厌其烦地把几十双草鞋研究个透，还把域外不同时期的同类型鞋类（从皮凉鞋到高跟鞋）与草鞋作了相当精彩的设计比较分析，找出了其中具有普遍规律性的内在联系（系结方式等），证实了中国史前木屐是全世界同类鞋型设计的源头。为了做好"草鞋""杆秤"等案例，程颖全力以赴工作几个月，经常通宵达旦。后来"草鞋""杆秤"等案例成为《中国传统器具设计研究》这部"经典之作"的"经典案例"。

其二是特别擅长学习，能虚心向所有人探讨任何内容。按理说程颖年纪不是最大，入学却较早，算是"掌门大师姐"。但程颖从来不摆架子，平和待人，经常虚心向入学比她晚的博士、硕士同学们请教疑难问题，大家和睦相处、同舟共济，在条件极为艰难的几年研究工作中，以身作则，团结师弟师妹们一齐做好工作，起到了"掌门大师姐"的表率作用。程颖还主动请缨，请我为她开"必读书目"。我在所开二十几本中，重点推荐了《"道德经"解说》和英国人泰勒写的《人类学研究》。记得《人类学研究》还给我时，通本密密麻麻写满了眉批和笔记；《"道德经"解说》根本尸骨无存，据说翻看回数太多，最后都散架了，程颖不好意思还。弄得我一方面假装大发雷霆，另一方面暗中为她高兴，毕竟眼下能够沉得住气、潜心读书的人，真是凤毛麟角，早已极为罕见了。

其三是性情洒脱，为人豪爽，肚量大，能容事。我经常讲，每个人作为个体真的很渺小，造物弄人，朝露夕灭。想这一辈子过得好一点，很是不容易。人生就像一棵大树，成长的每个节点都要遭遇对错难辨的选择。稍有闪失，就长到另一路树权上去了，无法达到最高的境地。如同我多年所经历的坎坷、挫败和失望一般，程颖过得也并不轻松。好在我们面对种种困难都并没放弃、妥协、投降，而是一直在奋力拼搏，才有我们今天"咸鱼翻身跃龙门"的新局面。记得程颖在推进项目时，经常废寝忘食地耗在办公室。由于过分投入、忘情，思考时爱咬笔梢，常粘了满嘴、半脸蛋黑墨水。师弟们憋坏恶作剧，并不告诉她，还夸她"今天妆化得真漂亮"，她总是抬起头，望着大家木讷地笑一笑，又继续埋头工作。虽然让小女子拼搏如此，实在是残酷了些，但"忘记自己的性别"确实是女性成事的关键。外出调研时，程颖也总是登高爬下，行事泼辣，比起那帮健硕如牛的师弟们来，不遑多让。程颖这个成长在苏州的江南小女子，能有这番深沉弘毅的性格、果决干脆的作风，难能可贵。正因为当年把程颖用得很"过分"，近乎残忍，使我感触颇多；我的研究项目总是体量浩大、强度很高，以至于程颖之后，我十年之内，没有再收过任何女博士生。

后来程颖还参加了我主持的《中国设计全集》（全集20卷，商务印书馆）中的"第11卷·计量篇"，担任副主编。目前还在参加我主持的《全国少数民族传统造物研究》（全集55卷，人民美术出版社、山西人民出版社）的编撰工作。在长达十几年的岁月里，程颖他们既积累了学术经验，又锻炼了自己，不少人已是教授、博导、院长，都成长为设计学领域的栋梁之才。这点是我觉得比编书本身还要重要的收获，十分欣慰。同时也感到自己真的"老"了，是该为后起之秀们腾位置的时候了。正像网友们戏谑的那样，"长江后浪推前浪，前浪死在沙滩上"，不敢说自己真心为后辈们当铺路石、跑龙套，薪火相传、新旧更替，乃是人间的沧桑正道，不二铁律。

程颖为了这部书稿，花了十几年心血。书稿付梓之际，承蒙错爱，程颖要我为她这本书写个序，不曾想我写起来天马行空，七绕八拐，最后竟写成这样。其实我是留了个"心眼儿"——在权衡器具设计方面，程颖已研究了十几年，各方面都考虑得很充分、很周全，我早已不及多矣。如果贸然评判具体内容，反倒露了我"徒有虚名"的马脚。这种吃大亏的事情，我是不愿意做的，还请程颖多多谅解。

愿这本新书是程颖事业道路上吹响的新号角，操舵张帆，重新起航，前程似锦。

王 琥

2017年5月18日

前　　言

　　中国传统权衡器具是中国传统器具设计的典型案例，以其特有的量物方式设计，彰显了中国传统器具的设计思维和文化价值。本书围绕中国传统权衡器具"设计研究"而展开，主要内容包括中国传统权衡器具的设计特征及其设计文化价值。

　　根据考古资料和文献记载，春秋战国时期是中国权衡器具发展的第一个高峰期，以南方楚国的"楚衡"和北方诸国的"秦权"为代表。汉代是中国权衡器具设计的第二个高峰期，传统权衡器具设计日臻完善，东汉时期已出现杆秤的使用，宋代向定量秤、定量砣的方向发展。从天平到杆秤的设计演变中，折射出中国传统权衡器具设计的创造性思维。中国传统权衡器具主要包括天平、衡秤、杆秤、戥秤等设计形式，其进化的顺序为先有天平后有杆秤，尤其是杆秤作为中国传统的称量器具，因其设计简洁、方便使用一直沿用至今。

　　本书从权衡器具设计史的视野纵向考察各类传统权衡器具的盛衰消长，把中国传统权衡器具分为"衡范式"和"秤范式"两类，通过对不同时期权衡器具典型设计范式的比较分析，探求中国传统权衡器具设计从"衡范式"向"秤范式"进化的历史轨迹，厘清传统权衡器具演化的历史进程与一般规律。以设计艺术学基本理论横向研究传统权衡器具的设计特征，从权衡器具的结构设计、形态设计、工艺设计全面探索中国传统权衡器具的设计传统与设计文脉，形成对中国传统权衡器具的本体设计研究。

　　从器具与文化的辩证关系上，探寻权衡器具设计在文化、心理等方面与社会生活方式互渗的动态发展规律。权衡器具设计的直观性与精确性，体现与传统文化之间的互动关系。传统权衡器具设计标准化和秩序性与中国传统社会公平、公正的社

会价值观念形成互动。

　　本书通过对中国传统权衡器具的设计范式、本体设计、设计文化的分析研究，形成了对传统权衡器具设计的进化规律和本质特征的三点思考：其一，"承接累进"的器具设计范式进化观；其二，"物以致用"的传统功能主义设计观；其三，"器以藏道"的设计文化本体价值观。本书从中国传统器具设计的角度理解中国的设计传统与历史文脉，就传统权衡器具设计的思考以期给中国当代设计新的启示。

　　本书受江苏高校"青蓝工程"资助和江苏高校品牌专业建设工程资助，尽管我在写作过程中做了大量的努力，但是囿于自己的学识与能力，其中疏漏之处在所难免，诚待大家赐教。

作　者

2017 年 5 月 1 日

目录

第一章

绪论

第一节
研究对象与研究意义

一、研究对象与主题

　　人类的物质文明始于造物制器，中国造物艺术有着辉煌的历史，且历经几千年传承不辍，形成独特、鲜明的设计风格和艺术传统。无论早期粗糙的石器还是后来精美的瓷器，伴随人类生活方式的转变和生存能力的提高，人们创制器物、设计器具的能力在不断提升，传统器具设计堪称中国传统设计中的典范。本书的研究对象——传统权衡器具是中国传统器具设计的优秀案例，属于生产器具中计量器具的范畴[①]。它是中国传统器具设计的重要部分，也是传统社会经济生活中必不可少的计量器具，中国传统权衡器具以其特有的量物方式，显示了中国传统器具设计的设计思维和文化价值。"权重衡平"[②]体现了传统权衡器具设计的基本原则，它既是传统权衡器具设计的使用特征，也是中国传统权衡器具设计的本质特征。中国传统权衡器具主要形式有等臂形式的天平和不等臂形式的衡秤、杆秤、戥秤等，其进化的顺序为先有天平后有杆秤，尤其是杆秤作为中国传统的测重器具，因其设计简洁、便于使用一直沿用至今。根据考古资料和文献记载，春秋战国时期是中国权衡器具发展的第一个高峰期，此时天平衡器设计相当成熟，如楚国故地出土了大量的"楚

[①] 王琥. 中国传统器具设计研究（首卷）. 南京：江苏美术出版社，2004：4-5.

[②] "权重衡平" 见《汉书·律历志》："夫推历生律制器，规圆矩方，权重衡平，准绳嘉量，探赜索隐，钩深致远，莫不用焉。"

衡"，北方诸国出土了大量的"秦权"，都是这一时期权衡器具的代表。汉代是中国
权衡器具设计的第二个高峰期，汉代物质文化发达，各类传统器具设计日臻完善，
在权衡器具的发展中，东汉时期杆秤已经使用。宋代向定量秤、定量砝的方向发展，
此后杆秤的规范化和精确度不断提高。从天平到杆秤的设计演变中，折射出中国传
统权衡器具设计的创造性思维。因此本书的研究对象为天平、衡秤、杆秤、戥秤等
中国传统权衡器具。

中国传统权衡器具作为本书的研究对象，其论题主要围绕中国传统权衡器具的
"设计研究"而展开。从这一论题出发，本书主要突出两个主题：其一，突出中国传
统权衡器具的"器具设计"价值；其二，突出中国传统权衡器具的"设计文化"价
值。故研究对象是从中国传统权衡器具的设计特征及其设计文化价值两个方面展开。

1. 突出中国传统权衡器具的"器具设计"价值

关于"器具"的概念，有多种说法①，通常器具是指具有一定实用功能和特定结
构、视觉形式的人造物品。"效用"是器具设计的核心。"器"与"具"本是对中国
传统造物文明的两大分类方式，以"器"称谓，可以分为"陶器"、"瓷器"、"青铜
器"、"漆器"、"玉器"、"金银器"等；以"具"称谓，可以分为"家具"、"茶具"、
"碗具"、"酒具"、"衡具"、"灶具"、"文房器具"等；由此看来，"器"的分类方式
是以器物的材料工艺、造型审美为界，强调不同的材质、不同的工艺形成不同的器
物艺术风格，特定的材质决定特定的工艺，而特定的工艺又形成特定的造型，从而
决定着器具的形式风格。而"具"的分类方式是以器物的实用功能指向为界，强调
不同的功能特征形成不同的器物类别，特定的实用功能决定特定的结构形式，从而
影响着器具的形式风格。而"器具"一词则综合以上两种分类方式，这一概念既强
调造物的材料和工艺，又体现设计的实用功能和形式，完整地概括了造物制器的设
计本质，因此"器具设计"这一概念更能准确地突出以器具的功能、结构和形式为

---

① 高丰在《器物艺术论》一书中指出"器是由百工经过选择、审视、观察各种材料并制作而成……当器
与物连用时，就是指一种由人工创造的，具有功能效用的器具物品。"（高丰. 中国器物艺术论. 太原：
山西教育出版社，2001：2.）叶朗认为器具是指："使用技巧加工一定的材料，把它做成在结构上有无一
体的东西，这件东西就可以使用了，这件东西就是器具"（叶朗. 现代美学体系（第二版）. 北京：北京
大学出版社，1999：103.）以上两种器具的概念，都将器具的效用作为器具概念的核心，器具的功能、
结构和形式是三位一体的关系。

出发点的器具设计价值和核心，从设计艺术学的视角关注器具设计的本质特征。本书对中国传统权衡器具设计研究旨在突出传统权衡器具作为中国传统"器具设计"的意义和价值，研究的关键在于通过设计学的研究方法，分析传统权衡器具设计在器具功能、结构与形态之间的关系，以及传统权衡器具设计如何处理这些设计关系，从而寻找传统权衡器具特有的设计思维方式。传统器具设计的研究，尤其是实用功能为主的日用器具研究，如果处理不好，研究的侧重点会落入技术史的巢臼，但只要认清器具设计研究的重心，找准设计研究的重点，就会处理好器具设计研究中对科学技术史资料的应用。传统器具设计研究必然会参考技术史的研究成果，但二者截然不同，技术史研究属于自然科学领域，而设计史研究属于人文科学领域。赫伯特·A.西蒙讲："如果自然科学关心的是事物本然的样子，设计关心的就是事物应该是什么样子。"[1]技术是解决物与物的关系，而设计则是解决人与物的关系。器具设计是人类利用技术知识创造器物，是技术的物化成果，"器具设计"强调造物的过程与方法，突出器具"设计"的意义。因此本书的中国传统权衡器具设计研究突出的是"器具设计"的价值。

2. 突出中国传统权衡器具设计的"设计文化"价值

中国传统权衡器具设计的"传统价值"在于其"文化价值"。"古代"和"传统"是两个概念。"传统的"并不等于"古代的"，"古代的"也不都是"传统的"。"古代"只是历史时间概念，而"传统"是具有时间、空间维度的文化概念。从哲学人类学上讲，"传统"是人类文化保存和传递的形式。"人类的行为是由人们已经获得的文化所控制的，人如何养育和繁衍，如何穿着和居住，在实际上和伦理上如何行动，如何说话和看世界——他所利用的一切文化形式，都以历史上的创造为基础。既然他们是在历史上被创造出来，就不能通过遗传来传递，然而他们却必须流传下去——前辈们所发现的东西，必须有益于后代。那么，他们就必须用另一种纯精神的保存形式，而不是由遗传来传递。这另一种保存形式，被叫做传统。知识和技巧通过传统，像火灾前线的水桶一样，被一代一代地传下去。"[2]人类创造了文化，同

① 马克·第亚尼.非物质社会：后工业世界的设计文化与技术.滕守尧译.成都：四川人民出版社.1998：6.

② 兰德曼.哲学人类学（第二版）.阎嘉译.贵阳：贵州人民出版社，2006：216.

时文化也创造了人类，"传统"是一个文化概念，它具有非物质性，它的本质是文化保存和传递的形式。因为"传统决定着每一个人的行为规范、价值观念和道德伦理，人们生活于传统的巨大影响之下，是因为传统通过文化流淌于每一个人的'血液'之中。传统是每一个文化类型存在的精华，没有传统的文化就等于失去了灵魂。"①中国传统器具是中国传统文化记录和保存的一种形式，并通过"传统器具"传递这种文化。这就是"传统器具"的文化价值所在。中国传统权衡器具是记录、保存和传递中国传统计量文化和技术的载体。通过传统权衡器具设计的演进和变化传递着中国传统计量科学文化，并在这一过程中传统权衡器具成为中国传统文化的一部分，中国传统权衡器具有重要的器具设计文化的价值。因此本书的中国传统权衡器具设计研究着重突出其"设计文化"价值。

二、研究意义

本书从设计艺术学的角度深入剖析中国传统权衡器具设计的本质特征和一般规律，通过对中国传统权衡器具设计的考察与研究，形成对中国传统权衡器具设计的价值与意义的判断，总的来说，研究的意义有以下三点：

1. 有助于理解中国传统造物设计的一般规律和特点

传统权衡器具是中国传统器具家族的重要一员，是传统器具设计史的重要内容，传统权衡器具的进化逻辑体现了中国传统器具进化的一般规律。中国传统权衡器具设计范式最初是"衡范式"，"衡范式"是以等臂杠杆原理设计的天平衡器，中国早期的天平形式以楚衡为代表。它是在春秋战国时期称量货币的历史背景和不发达的商品交易下的直接产物。随着天平使用的普及和对杠杆原理的进一步认识，根据不等臂杠杆原理设计的"衡秤"，是天平衡器向杆秤衡器过渡设计的重要一环。但是随着分散的商品经济的进一步发展，少量分称特点日益突出，尤其是中国中医药的发展，移动式的小称量器具，成为时代的新需求，此时传统权衡器具的"秤范式"不断完善，直至宋代成熟的定量砣和定量杆秤形成。由此中国传统权衡器具设计演化的规律是由"衡范式"向"秤范式"承接累进的器具进化方式。承接累进的器具进化方式不仅是中国传统权衡器具设计的演化规律，也是中国传统权衡器具设计的一

---

① 陈华文. 文化学概论. 上海：上海文艺出版社，2001：3.

般规律。因此对中国传统权衡器具设计的考察与研究，有助于理解中国传统造物设计的一般规律和特点。

2. 有助于理解中国传统造物的设计思维和设计文化

中国传统权衡器具设计体现了中国传统计量器具设计特有的量物思维，其直观与精确的量物方式，受到了中国传统科学精神的直接影响。中国传统权衡器具直观与精确的量物方式，一方面受到中国古代科学实用理性精神的影响；另一方面中国古代科学具有明显的经验科学性质，这种经验性科学，很大程度上与中国古代科学中天文知识靠直接观察获取有关，所以长此以往形成了直观的经验知识获得方式。这种直观的科学精确性直接影响了中国传统权衡器具设计的量物思维方式。例如，杆秤的称量设计中，把秤杆上的刻度直接以秤星的形式标明，这种靠观察直接获得称量结果的方式就是中国传统权衡器具特有的直观与精确的量物方式。传统权衡器具这种直观与精确的设计思维不仅影响了权衡器具的设计，而且在中国其他类似传统器具中也有表现，例如，传统算盘作为中国传统计算器具，通过上下两排算珠，计算时根据算法口诀，正确拨动算珠直接显示计算结果。这是中国传统算具设计中直观与精确的设计思维方式。中国传统权衡器具设计体现了中国传统的直观与精确的量物方式，因此对中国传统权衡器具设计的考察与研究，有助于理解中国传统造物的设计思维和设计文化。

3. 使现代设计更具中国传统设计的历史文脉

首先，中国传统权衡器具设计体现了中国传统设计"物以致用"的传统功能主义价值。功能主义是现代设计的思潮之一，现代功能主义所倡导的"形式当随功能"的观点，对现代设计产生了积极的影响，但是其强调功能至上，忽视传统文化的意义。中国传统器具设计中也提出类似的功能主义口号，"物以致用"是中国传统器具设计的功能主义观。但是，中国传统器具设计的功能主义与现代设计的功能主义是不同的，中国传统器具设计中"物以致用"的传统功能主义体现为：实用价值为核心，兼顾审美价值与文化价值。从传统权衡器具设计中，可以看出"物以致用"传统功能之一的内涵与外延大于现代设计中功能主义的"形式与功能"。中国传统权衡器具设计体现了"器以藏道"的传统文化语义价值观。"器"强调器具设计的实用功能，"道"体现器具设计的文化语义。传统权衡器具中"道"所包含的文化语义是从实用功能延伸出的象征意义。传统权衡器具所藏之"道"包括自然之道、人之道和社会之道。中国传统权衡器具是遵循科学的杠杆原理而设计，是艺术与科学完美结合的典范，这就是传统权衡器具所蕴含的"自然之道"。"公平与公正"本是权衡器具的实际称量中的功能属性，在此基础上延伸到社会价值观念领域，与社会成员之间公平与公正的伦理道德属性形成能指与所指的对应关系。这就是传统权衡器具所蕴含的"人之道"。标准化与规范化是权衡器具的物质功能属性，但这一物的属性，却影响到社会秩序的标准与规范方式，这就是权衡器具所蕴含的"社会之道"。器具除具有一定的物质功能以外，还具有精神意义。"器以藏道"体现了传统器具设计的灵魂与精神，从这一层面理解传统权衡器具的设计文化，能使现代设计更具中国传统设计的历史文脉。

第二节
研究对象相关概念的界说

在中国古代度量衡科学中，权衡器具的发明和广泛使用是杠杆原理的典型应用，在一根杠杆上安装吊绳作为叉点，一端挂上重物，另一端挂上砝码或秤锤，就可以称量物体的重量。"权"就是"砝码"或"秤砣"，"衡"是指天平的"衡杆"或杆秤的"秤杆"，合成词"权衡"成为专指测重器具的专用词语。首先我们从历代古籍文献中考察"权"与"衡"的词语源流，从而更好地界定"权衡"之意。

一、关于"权"与"衡"的界定

"权"，在先秦诸子典籍中普遍使用，《周礼·地官司徒》中载："凡葛征，征草贡之材于泽农，以当邦赋之政令，以权度受之。掌染草：掌以春秋敛染草之物，以

权量受之，以待时而颁之。"① 再如《周礼·考工记》载："栗氏为量：改煎金锡则不耗，不耗然后权之，权之然后准之，准之然后量之。"《论语·尧曰》载："百姓有过，在予一人，谨權量，蕃法度，修废官，四方之政行焉。"② 注："包曰：权，秤也，量，斗斛也。"《孟子·梁惠王上》载："權，然后知轻重，度，然后之长短。"③ 在秦汉典籍中，《说文解字》释为"權，黄華木，从木，瞿声，曰反常"。④《汉书·律历志》释为："權者，铢、两、斤、钧、石也；所以称物平施，知轻重者。"⑤《广雅·释器》释为："锤谓之權。"综上述古代典籍记载，可以得出如下结论：其一，"权"通常有两个意义，一是作为动词，意为"称重，权量"，二是作为名词，意为"秤锤，砝码"；其二，"权"无论作为名词还是动词，它在先秦时已是被广泛使用的度量衡专用词语，至秦汉则其意相对固定，专指测重器具中的砝码或秤锤。

"衡"，在先秦诸子典籍《尚书·虞书》中载："二月，东巡守，至于岱宗，柴。望秩于山川，东后，协时月正日，同律度量衡。"⑥ 这里的"衡"是指度量衡制度中的权衡制度，而不是指权衡器具。《周礼·地官》中载："林衡每大林麓。"郑玄注："衡，平也。平林麓之大小所生者。"《荀子·王制》中载："公平者，职之衡也，中和者，听之绳也。"《墨子·经说下》第四十三记录最详："衡加重于其一旁，必捶（垂）。权重相若也相衡，则本短标长。两加焉，重相若，则标必下，标得权也。"⑦《淮南子·说林》中载："悬衡而量则不差。"高诱注："衡，秤也。"⑧《国语·周语下》："先王之制锤也，大不出钧，重不过石，律度量衡，於是乎生。"韦昭注："衡，秤上衡，衡有斤两之数。"⑨《说文解字》："衡，牛角，横大木其角，从角，从大，行声。"可见《说文》中"衡"本意为绑在牛角上防止触人的横木，后来逐渐引申为利用杠杆原理称量货物的"衡杆"。《汉书·律历志》为："衡权者，衡，平也，权，重也。

① 周礼·仪礼·礼记. 长沙：岳麓书社，1989.

② 诸子集成：第一册（第二版）. 北京：中华书局，2006.

③ 诸子集成：第一册（第二版）. 北京：中华书局，2006.

④ 许慎. 说文解字（第二版）. 段玉裁注. 上海：上海古籍出版社，1988.

⑤ 班固. 汉书. 颜师古注. 北京：中华书局，1962.

⑥ 阮元. 十三经注疏. 北京：中华书局，1980.

⑦ 诸子集成：第四册（第二版）. 北京：中华书局，2006.

⑧ 诸子集成：第七册（第二版）. 北京：中华书局，2006.

⑨ 国语. 上海：上海古籍出版社，1998.

衡所以任权而均物平轻重也。'把"权衡"一词作为合成词解释的只有《汉书·律历志》最完整，尽管这一解释也是把"衡"与"权"分开解释。但是却是对"权衡器"最详细的解释。综上典籍所述，可以得出如下结论：其一，"衡"通常也有两个意义，一是作为动词，意为"称重，衡量"，二是作为名词，意为"衡杆，秤"；其二，"衡"作为名词使用时，有广义与狭义之分，广义的"衡"就是指秤或衡器，包括衡杆、砝码（秤锤）、吊盘或秤钩、提纽等结构组织的整套衡器，作为狭义的"衡"单指权衡器具中的"臂杆"，即天平的"衡杆"或杆秤的"秤杆"。

根据以上对"权""衡"的字词训诂，可以看出"权""衡"作为动词使用时，都表示测重、称量意思，二者通用而无异。但作为名词使用时，在称量器具的称谓中，二者各司其职，"权"专指权衡器具中的一个部分即砝码或秤锤，"衡"则可以指权衡器具的一个部分衡杆，也可以指整套权衡器。因此"权"与"衡"作为名词单独使用时，所指和能指均有不同。

二、本书的"权衡"之概念

而合成词"权衡"有时仅指权衡器具中的"权"。如《中国大百科全书·考古学》中"权衡器"条目中包括战国权、秦权、汉权、北朝权、宋、明清权①。显然考古学意义上的"权衡器"主要研究历代"权"的演化，对"衡"的研究较少。因此不少关于中国古代度量衡研究或关于中国传统权衡器具研究的著作中，大多研究资料只注重历代各类"权"（砝码和秤砣）的实物资料，而衡杆的研究涉及较少。这是因为从考古学研究的资料上看，多集中于出土的历代"权"，而很少有衡杆出土的实物资料。再如国家计量总局、中国历史博物馆、故宫博物院三家联合编写出版的《中国度量衡图集》，书中所列"衡器"中大多为砝码或秤砣。而且在传统权衡器具的收藏中，也多以收藏"权"为主，如苏州专门收藏权的收藏家陈卫先生，就收藏了几百枚历代各种器形的"权"。所以一般意义上的"权衡"多指"权"。因此无论是出土的历代权衡器具实物，还是民间私人收藏的权衡器具中"权衡"之意多侧重于"权"。

---

① 中国大百科全书《考古学》编辑委员会. 中国大百科全书·考古学. 北京：中国大百科全书出版社，1992：659.

本书的"权衡"是指全面理解作为独立"器具形式"的"权衡器具"，包括"权"和"衡"在内的整套权衡器具，意为中国传统测重器具的总称。本书的"权"是指传统权衡器具中天平的各类砝码及杆秤的各类秤砣；而"衡"是指传统权衡器具中天平的衡杆和杆秤的秤杆。所以"权衡"指具有完整称量功能的"权衡器具"，是从器具设计的角度理解"权衡"，强调权衡器具的整体功能与形式设计，通过权衡器具设计的使用过程和效用实现，直接进入权衡器具在社会生活中的领域，并通过传统权衡器具在社会生活领域中的使用，"权衡器具"进入人们的观念和精神之中，从而最终形成权衡器具的设计文化。虽然权与衡都是权衡器具的组成部分，但本书的"权衡器"着重在于把权与衡做为衡量重量的器具整体来看待。而"权重衡平"具体体现了"权"与"衡"在设计和称量使用过程中两者关系的实现方式。

第三节
既往研究回顾与研究现状

以往各领域学者对中国传统权衡器具的研究，多包括在对整体的度量衡研究中，因此回顾中国传统权衡器具设计的研究，需从历代度量衡领域的研究说起。

一、既往研究回顾

对度量衡的研究，在古代并没有形成专门的学科，因而也没有系统专题的著述，相关记载散见于历代古籍、史料的"律书"和"算书"中，杂载于食货、考工之中，其中以《汉书·律历志》和《宋书·律历志》记载最为详备。最早如《尚书·虞书》中载："二月，东巡守，至于岱宗，柴。望秩于山川，东后，协时月正日，同律度量衡。"①疏曰："合四时之气节，月之大小，日之甲乙，使齐一也，律。法制及尺丈、斛斗、斤两者，均同。同律王云同齐也，律，六律也。马云律法也，郑云阴吕阳律也。度，如字丈尺也，量，力尚反斗斛也，衡，秤也。"提起中国传统权衡器具设计之始，《尚书·虞书》中"同律度量衡"是最早的记载，根据其疏意是指度量衡之制与律的关系，也就是说中国传统衡制源于古代的律制，以后历代律度量衡沿此制度。《史记·律书》开篇载："王者制事立法，物度轨则，壹禀於六律，六律为万事根本焉。"②史记中关于权衡度量的记载沿袭《尚书》的观点。认为六律是度量衡之制的根本。至汉代《汉书·律历志》是对先秦至秦汉关于度量衡制度的总结，记载最为详备。书中载："衡权者，衡，平也，权，重也。衡所以任权而均物平轻重也。其道如底，以见准之正，绳之直，左旋见规，右折见矩。其在天上，佐助旋机，斟酌建指，以齐七政，故曰玉衡。權者，铢、两、斤、钧、石也；所以称物平施，知轻重者。本起于黄钟之重。一龠容千二百黍，重十二铢，两之为两，二十四铢为两。十六两为斤，三十斤为钧，四钧为石。"③之后历代朝史多以"律历志"或"食货志"专门记载度量衡的传承制度。再如《旧唐书·食货志（上）》载："凡权衡度量之制：度，以北方秬黍中者一黍之广为分，十分为寸，十寸为尺，十尺为丈。量，以秬黍中者容一千二百为龠，二龠为合，十合为升，十升为斗，三升为大升，三斗为大斗，十大斗为斛。权衡，以秬黍中者百黍之重为铢，二十四铢为两，三两为大两，十六两为斤。"④《旧唐书》关于权衡之制的变化与改革，记载非常详细，出现了大升、大两的计量方式。这显然是由于权衡器具设计的变化，直接导致了权衡制度计量标准的变革。时至宋代《宋书·律历志》载："曰权衡之用，所以平物一民、知轻重也。权有五，曰铢、两、斤、钧、石，前史言之详也。建隆元年八月，诏有司按前代旧式作新权衡，以颁天下，禁私营造。及平荆湖，即颁量、衡于其境。淳化三年三月三日，诏曰：'书云：协时、月，正日，同律、度、量、衡。所以建国经而立民极也。国家万邦咸乂，九赋是

---

① 阮元. 十三经注疏：上册. 北京：中华书局，1980.

② 司马迁. 史记. 裴骃集解. 司马贞索隐. 北京：中华书局，1982：1239.

③ 班固. 汉书. 颜师古注. 北京：中华书局，1962：969.

④ 刘昫等. 旧唐书. 北京：中华书局，1975：2098.

均，愿出纳於有司，系权衡之定式。如闻秬黍之制，或差毫厘，锤钩为姦，害及黎庶。宜令详定秤法，著为通规。'……遂寻究本末，别制法物，至景德中，承珪重加参定，而权衡之制，益为精备。其法盖取汉志子谷秬黍为则。"[1]通过《宋史》的记载可知宋代沿袭前代权衡之制，但重新制作了标准器。刘承珪制成了宋代的"戥秤"。纵观以上历代史书对度量衡的传承记载，只是局限于当时权衡制度的载录，而鲜于对度量衡器具的考证和研究，而"算书"则仅仅是一些度量衡单位名称和数字的载录，所以历代典籍对传统度量衡仅限于史料的文献记载，谈不上研究的成分。如果没有大量的文献记载，研究中国权衡器具与权衡制度，也是不可能的。但是这些文献记载为后来研究权衡制度与权衡器具提供了重要的参考资料和文献基础。

真正的度量衡研究始于近代学者，以吴大澂《权衡度量实验考》[2]、王国维《中国历代之尺度》[3]、唐兰《"商鞅量"与"商鞅量尺"》[4]为代表，这些研究成果是近代较早的以度量衡实物器具结合文献记载，考证度量衡制度，他们的研究开拓了该领域新的研究视野。其后中国近代最完善的度量衡通史性研究著作诞生了，这就是吴承洛所著的《中国度量衡史》[5]，该书1937年首版，后于1958年、1984年、1996年多次再版，这是近代学者研究度量衡制度最为权威的著作，该书从我国历代文献典籍关于度量衡制的零散记载中，研究古代度量衡制度的演变和发展，"吴承洛《中国度量衡史》是我国第一部通史性的度量衡专著，出版至今，已经过了60个春秋，该书的最大特点是文献资料极为丰富，作者从浩瀚的史籍中，把有关论述一条条、一段段地精选、汇总、编辑、论述，其功绩不言而喻。几十年间曾多次再版重印，足以说明它的重要性。"[6]该书分为上下两编，上编为"中国历代度量衡"，把历代度量

① 脱脱等. 宋史. 北京：中华书局，1985：1495.

② 吴大澂《权衡度量实验考》，今虽有刻本，但未见完书，且唯见尺度与权衡两部分。

③ 王国维. 中国历代之尺度. 见：河南计量局. 中国古代度量衡论文集. 郑州：中州古籍出版社，1990：1-6.

④ 唐兰. "商鞅量"与"商鞅量尺". 见：河南计量局. 中国古代度量衡论文集. 郑州：中州古籍出版社，1990：56-63.

⑤ 吴承洛. 中国度量衡史. 上海：上海书店出版社，1984.

⑥ 丘光明，丘隆，杨平. 中国科学技术史——度量衡卷. 北京：科学出版社，2001：4.

衡分为五个时期，并考察了中国度量衡的标准和变迁。下编为"中国现代度量衡"，主要研究和记录了民国时期中国现代度量衡制度的改革和新制的推行。吴承洛的《中国度量衡史》是一部关于中国度量权衡制度和器具的开拓性研究著作，也是研究权衡度量不可逾越的参考资料。

继吴承洛之后，中国度量衡研究在二十世纪五六十年代以罗福颐和陈家梦的研究最为突出，罗福颐的《古代量器小考》[①]、陈家梦《战国度量衡略说》[②]。尤其是《战国度量衡略说》一文中提出在先秦时期度量衡的标准化就自然趋同，秦的统一只是标准化、法制化而已，这对后人的研究有很深的启示意义。进入八十年代以后，随着科学考古的不断进展，大量文物出土，新的度量衡器具不断涌现，收集整理新的出土器物，进而推证历代度量衡制度，成为新时期度量衡研究的重点。由国家计量总局、中国历史博物馆、故宫博物院三家权威部门联手编写出版了《中国古代度量衡图集》[③]，该书将出土的历代度量衡器物分门别类地整理，并加以详解，是一份图像资料极为丰富的研究成果。全书共分三个部分：第一部分为"尺度"，共收录77份出土或传世的从商代至清代的各类尺具。第二部分为"量器"，共收录了战国至清代的各类量器75个。第三部分"衡器"，共收录了战国至清代的各类权衡器具88套。这一时期个人专著性的研究成果，当首推丘光明《中国度量衡考》，该书文献和实物资料翔实，全面考证中国度量衡制度发展的历史和历代权衡度量器具，是继吴承洛《中国度量衡史》之后，又一部代表性的研究著作。另外，丘光明《中国科学技术史——度量衡卷》[④]是目前度量衡研究领域最为权威的著作，该书系统地考订中国度量衡的产生、发展、管理制度、单位量值、科学成就等方面的内容，是权衡器具研究的重要参考资料。该书突出的研究成果表现为：对春秋战国时期混乱的度量衡单位制度做了梳理和考证；对货币和度量衡之间的关系提出了自己的见解；对北魏度量衡制度量值急剧

① 罗福颐. 古代量器小考. 见：河南计量局. 中国古代度量衡论文集. 郑州：中州古籍出版社，1990：182-207.

② 陈梦家. 战国度量衡略说. 见：河南计量局. 中国古代度量衡论文集. 郑州：中州古籍出版社，1990：176-181.

③ 国家计量总局，中国历史博物馆，故宫博物院. 中国古代度量衡图集. 北京：文物出版社，1984.

④ 丘光明，丘隆，杨平. 中国科学技术史——度量衡卷. 北京：科学出版社，2001.

增加的原因，从社会制度和历史发展等方面做了深入地研究。全书共分21个章节，从夏商周度量衡，按照历史年代的发展一直写到民国时期。除了度量衡通史的研究以外，在权衡度量的断代史研究中以郭正忠的《三至十四世纪的中国权衡度量》[①]最为重要。该书以魏晋至唐宋这段时间为断代，考察权衡度量制度和器具的发展和演变，尤其作者在多年研究唐宋史的基础上，有颇深的史学功底，因此该书史料翔实，结合这一时期的实物资料和文献资料，对魏晋至唐宋这段时间权衡度量的历史发展做了详尽地论述，是权衡器具与制度断代研究中的代表著作。

二、研究现状综述

在中国古代度量衡专题研究中，古代典籍仅是传承载录度量衡制度，近代学者开始从实物和文献两个方面结合考察权衡制度和单位量值，二十世纪五十年代以来研究转向以权衡器具实物推证文献记载，从考古学、历史学角度详细研究古代度量衡制度和量值的演变，取得丰硕的研究成果。具体地讲，主要集中在如下几个方面：其一，从科学史的角度，权衡制度和器具是中国计量科学史发展的重要标志，因此计量科学史研究的重点放在度量衡制度和计量方法，近代以来这方面研究成果主要有吴承洛的《中国度量衡史》和丘光明、丘隆、杨平的《中国科学技术史——度量衡卷》；其二，从考古历史的角度，权衡器具是古代经济生活的重要方面，权衡制度是中国古代政治制度的重要内容，因此考证传统权衡制度的演变和历代权衡器具的发展，成为研究中国古代政治、经济社会的历史考古资料。在这方面的研究成果，主要有国家计量总局、中国历史博物馆、故宫博物院编写出版的《中国古代度量衡图集》和吴鸿的《秦权研究》。

对于传统权衡器具的研究仅散见于不同时期度量衡史的研究之中。尤其以权衡器具作为主题研究的更加少，仅见于一些文章：如吴鸿的《秦权研究》、商承祚的《秦权使用及其辨伪》、高至喜的《湖南楚墓中出土的天平及砝码》、刘东瑞的《谈战国时期的不等臂秤"王"铜衡》、丘光明的《我国古代权衡器简论》等，而且这些文章对权衡器具的考察，研究内容上主要集中于早期权衡器"楚衡"和"秦权"的研

---

① 郭正忠. 三至十四世纪的中国权衡度量. 北京：中国社会科学出版社，1993.

究，而对于杆秤的发明使用与设计制作涉及较少。研究视角上主要侧重于历史考古学的角度，并非从设计艺术学的角度对权衡器具进行设计学研究。而民用杆秤的相关资料仅见于民俗器具的简单介绍。

通过对度量衡研究的回顾，可以看出以上各个时期、各位学者对中国传统度量衡研究的重点是考证中国权衡制度的传承和历代权衡器单位量值的演化，这实质上是度量衡作为计量制度史的研究角度，涉及传统权衡器具的研究则从属于权衡制度和量值的研究。所以从器具设计的角度，对权衡器具进行专门的设计分析，在以往的度量衡研究中是没有的，即使涉及权衡器具设计的分析也是只言片语一带而过。而本书的研究角度与上述不同，在研究内容上有所侧重，权衡器具设计研究主要是以出土和存世的各类权衡器具实物为重点，因此本书的研究重点既不是权衡制度的传承，也不是权衡量值的演化，而是把权衡器具纳入中国传统器具设计研究的体系，从设计艺术学的视野，考察中国传统权衡器具的发展演化和设计特征，分析权衡器具设计的理性思维，探究权衡器具设计的历史逻辑结构，并在此个案研究中，发现中国传统器具的设计智慧，启示当代设计。"目前，立足于人文学科的研究方法去关照人类的造物，用'设计'的观念去审视造物活动。视角的转变改变了造物研究的性质，使得造物活动映射出人的本质力量和人的创造作用。"[①]因此既往的研究角度和研究视野，是从计量科学史的研究角度，侧重传统权衡的制度演变和计量单位的量值考察。而本书是从设计艺术学的学科角度，探究中国传统权衡器具设计的历史文脉和一般特征，并理解其设计文化的价值所在。

---

① 李立新. 中国设计艺术史论. 天津：天津人民出版社，2004：1.

第四节

研究框架与研究方法

一、研究框架

　　本书主要研究内容是中国传统权衡器具的设计特征及其设计文化价值，通过四个逻辑递进的相关部分，搭建全书的整体研究框架，组成一个完整的研究内容，全书内容分为六章。第一章绪论，通过对研究主题与研究意义的阐述，搭建研究的基础，组建研究思路与框架，回顾与评价权衡器具的研究的侧重与进展，同时提出本书研究的理论基础。第二章中国传统权衡器具的产生及其设计原理，该部分首先阐述了中国传统权衡器具产生与发展。权衡器具是利用杠杆原理设计创制器具的典型代表，杠杆原理就是权衡器具的力学设计原理。天平衡器是根据等臂杠杆原理而设计，而杆秤是根据不等臂杠杆原理而设计。而且正是杠杆的力学运动原理决定了权衡器具基本的效用原理。因此权衡器具设计原理包括力学原理和效用原理。第三章中国传统权衡器具的设计范式，中国传统权衡器具分为"衡范式"和"秤范式"两种设计形式，从器具设计史的视野纵向考察各类权衡器具的盛衰消长，以类型学的方法将历代权衡器具分类概括，以期探求权衡器具进化的历史轨迹，通过对不同时期权衡器具典型设计范式的比较分析，理清权衡器具演化的历史进程与一般规律。第四章中国传统权衡器具的本体设计，以设计艺术学基本理论横向研究传统权衡器具的设计特征，从权衡器具的结构设计、形态设计、工艺设计全面关照中国传统权衡器具的设计传统与设计文脉。第五章中国传统权衡器具的设计文化，从器具与文化的辩证关系上，提炼传统权衡器具设计在设计文化、设计心理等方面与社会生活方式的互渗、互动的动态发展规律。传统权衡器具设计的本质在于为物质世界建立衡量秩序，首先，权衡器具的量物方式与中国传统科学精神形成互动关系，中国传统科学中直观观察和精确记录的研究方法，影响了权衡器具量物的直观性和精确性的思维方式；其次，传统权衡器具设计的标准化和规范化，是中国传统社会秩序的一部分，其设计上的标准化和秩序性与中国传统社会秩序的建立形成了互动的关系；最后，权衡器具物质效用的"公正性"与"公平性"与中国传统社会价值观念与伦理道德形成互动，影响了公平公正的社会价值观念的形成。第六章中国传统权衡器具的设计观，即通过对传统权衡器具的设计范式、本体设计、设计文化的分析研究，形成对传统权衡器具设计的三点思考："承接累进"的器具设计范式进化观，这是传统权衡器具设计进化的一般规律；"物以致用"的传统功能主义设计观，这是传统权衡器具本体设计的基本原则；"器以藏道"的传统设计文化价值观，这是传统权衡器具设计文化语义的基本内涵。综上所述，全书通过以上六章的内容展开论述，组成主体脉络结构，并形成递进的逻辑关系，从而构成本书研究的主体框架结构。

二、研究方法

书中研究资料主要源于以下三个方面：其一文献资料，包括历代文献记载和前人的研究成果；其二实物资料，包括历代传世、出土的权衡器具实物，以及当代私人收藏的有明确纪年或重要介值的权衡器具实物；其三田野调查资料[①]，作者走访传统制秤艺人，实地调查传统制作杆秤的工艺，积累了第一手的写作资料。在充分收集和阅读文献资料的基础上，根据这些研究资料，按照不同历史时期的实物资料，理清各种类型的权衡器具设计的标志性特征，并将其分类研究，结合田野考察获得的第一手资料，阐述传统权衡器具的工艺材料和工艺制作。以设计学的研究方法，通过对研究资料进行精细的分析，探寻传统权衡器具的设计特征和设计文脉，以及传统权衡器具设计与传统社会文化之间的辩证关系。

任何传统器具设计在传统社会中都是一个系统的综合过程，并不是单个工匠的"闭门造车"，而是历代造物设计的主体——工匠艺人从日常实际生活出发，根据器具的功能结构，在社会文化、宗教信仰、政治经济等方面的影响下，经过一代代工

---

① 参见本文附录三《关于制秤工艺的田野调查资料》。

匠艺人的设计改进和设计制作，才有传至今天的成熟的器具形态。因此，对于器具设计的研究，如果单用一种学科知识理解或说明器具设计的因果关系是远远不够的；"设计"作为一个独立的学科其突出的特点就是一个交叉性的学科体系，所以本书的研究将以设计艺术学研究方法为主，并综合艺术学、美学、文化学、人类学、社会学等研究方法，研究权衡器具设计的相关问题，只有这样才能真正理解一件器具，为什么是这种形式而不是其他，从而寻找中国传统权衡器具设计中的根脉。

第二章

中国传统权衡器具的
产生及其设计原理

　　权衡器具作为人类计量器具的一类，它的产生一方面需要人类认知维度的发展和抽象思维、创造思维的进步，另一方面需要发达的商品交换，衡量物品轻重的需要成为必须。只有满足以上两个充分必要条件，真正的权衡器具才能产生。中国传统权衡器具在夏商周时期已经萌芽，并在春秋战国时期发展为成熟的天平衡器。随着天平衡器的广泛使用，魏晋南北朝时期，另一种传统权衡器具——提系杆秤日益普及，直至唐宋杆秤的设计形式达到成熟，并得到精细化发展。杠杆是人类最早使用的工具之一，人类在长期的生活和劳动实践中，逐渐认识到杠杆原理，并利用杠杆原理进行器具设计。权衡器具是利用杠杆原理设计创制器具的典型代表，杠杆原理就是权衡器具设计的力学原理。天平衡器是根据等臂杠杆原理而设计，而杆秤是根据不等臂杠杆原理而设计。而且正是杠杆的力学运动原理决定了权衡器具基本的效用原理。因此权衡器具设计原理包括力学原理和效用原理。

第一节
中国权衡器具的产生与发展

　　权衡器具作为人类共有的计量器具，是人类文明进程的标尺。它的产生有深刻的人类文化学和社会经济学方面的条件。中国传统权衡器具的产生与发展一方面遵循共有的一般规律，同时它又受中国传统文化和经济的影响，具有明显的中国传统器具设计的特征。

一、权衡器具产生的条件

　　人类制造器具的能力源于认知维度的发展和抽象思维、创造思维的进步。度量衡器具是人类社会标准化程度的物质手段的显现，人类标准化必须借助标准器来衡量，权衡器具就是标准器之一。权衡器具设计的产生与发展体现了人类标准化的进化过程。人类最初的标准器直接采用自然物质，如以人体的手、足步、肘测量长度，以大小均匀的谷物为重量标准，后来则采用人造物为标准，直至发展为设计创造统一的标准器。从人类文化学和社会经济学的角度讲，权衡器具的产生必须有充分必要的两个条件：一是人类认知维度的发展是权衡器具产生的充分条件；二是社会经济交换的发展是权衡器具产生的必要条件。只有这两个条件同时成熟，真正的权衡器具才能产生。

　　首先，人类认知维度的发展是权衡器具产生的充分条件。求知是人类特有的本性，中外先哲都曾表达认知事物是人类的本性，亚里士多德曾说："一切人都在本性上切望求知。"[①]孟子在《释蔽》中也说："凡以知，人之性也。可以知之，物之理

---

① 恩斯特·卡西尔. 论人——人类文化哲学导论. 刘述先译. 桂林：广西师范大学出版社，2006：4.

也。"这是因为求知是人类特有的需要，所以人类认知事物的维度才不断得到发展。从最初认知事物的大小、长短、轻重，到形成关于事物大小、长短、轻重的概念，人类的认知维度的发展有漫长的进化过程，通过直觉认知事物，形成概念，再通过实践活动，创制器具，这是人类心脑活动由低到高发展的四个阶段。"四阶段或四度：认识活动有直觉与概念的双度，实践活动有效用与道德的双度，共为四度……心灵活动的四阶段由低而高为认识的（直觉→概念）→实践的（效用→道德）。"① 人类认知事物的结果就是掌握规律，利用知识和技术获得生存的能力，器具则是人类知识和技术应用的成果，是知识和技术应用的物化。而权衡器具就是人类衡量事物轻重关系的工具，它是建立在人类认知测重知识和技术基础之上，即人类首先有认知事物轻重关系的需要，然后在长期的生活实践中认识和掌握了杠杆原理测重知识和技术，从而开始了设计和制作权衡器具的实践。所以人类认知维度的发展是权衡器具产生的充分条件。

其次，社会经济的发展，商品交换中衡量物品轻重的需要，是权衡器具产生的必要条件。"需要"是器具设计（造物）之母，一切器具的产生皆源于现实生产与生活的切实需要。当社会经济发展到一定程度，社会生产的分工愈来愈细，物品的交换自然成为必要，在交换的发展中，起初是物物交换，后来发展为以货币为媒介的商品交换，物物交换中，衡量器具的作用是微弱的，只有在进行到以货币为媒介的商品交换时，衡量物体的轻重多少才真正成为切实之需，此时权衡器具作为经济生活的重要器具而产生。"分工最初并不是人类智慧预见到分工会产生普遍富裕的结果，它是人性中某种倾向的结果，这种倾向就是互通有无，进行物物交换。"② 亚当·斯密认为交换是导致分工的原由，而分工促进了更大范围的交换，其实亚当·斯密所认为的人类早期的物物交换就是文化人类学所称的"互惠"行为，"互惠是指大致相等价值的物品和服务得以交换的双方之间的贸易。"③ 所以早期的交换还不是真正意义上的商品交换，这是人类特有的互惠行为，权衡器具的产生主要源于发达的商品交换，是实现以货币为媒介，不同商品交换的必要工具，只有这时权衡器具才

---

① 克罗齐. 美学原理. 朱光潜译. 上海：上海人民出版社，2007：87.
② 亚当·斯密. 论国民与国家的财富. 焦妹译. 北京：光明日报出版社，2006：7.
③ 威廉·哈维兰. 文化人类学. 瞿铁鹏，张钰译. 上海：上海社会科学出版社，2006：204.

成为必要的器具而产生。商品交换中衡量物品轻重的精确度是不断发展的，最初衡量轻重与多少是借助一般器皿来衡量，如甘肃大地湾遗址出土的四件成倍比关系的陶量，这四件陶量形态各异，大小不一，分别为条形盘、铲形抄、箕形抄、四柄深腹罐，其中条形盘264立方厘米、铲形抄2650立方厘米、箕形抄5288立方厘米、四柄深腹罐26082立方厘米[①]。可以推测最初的量器就是粗略衡量物体轻重多少的器具，它的设计形式就是日用器皿的专门化使用，就是一般器具的形式。后来随着测量精确度的要求越来越高，精确衡量的权衡器具应运而生。随着称量货币的产生，贵重金属需要准确称量其重量，于是小型称量的精确权衡器具就产生了，如中国春秋战国时期的"楚衡"，就是称量楚国货币"郢爰"而用。

权衡器具是经济活动中的重要器具，它的广泛使用必然与人类认知维度的提升和商业经济的发展密不可分，因此，真正意义上的权衡器具必定是上述两个条件成熟后的产物。

二、中国传统权衡器具的产生

中国传统权衡器具的产生也是上述两个条件成熟的产物，形成中国权衡器具独立存在的器具形式。只是"器具"作为物质文化的重要组成部分，中国传统权衡器具的产生深刻地烙上中国文化传统的印记，具有中国传统设计思维的特点。传统权衡器具本是经济生活中的重要器具，它的设计和使用离不开发达的商品经济，但是中国传统权衡器具却不是作为日用器具在经济生活中萌芽，而是首先作为政治统治的工具而出现，新石器时代晚期，伴随私有制的产生，国家政权的建立，赋税制度的出现，度量衡器具作为国家征收赋税、丈量土地、分配财物的手段逐渐被使用，但此时的"衡器"还不能真正成为"器具"，还没有形成权衡器具独立存在的器具形式，它只是官府掌管用于政治统治服务的一个工具，颇具权威性、政治性，因此不能算作独立的权衡器具形式。中国权衡器具在夏商周三代就已产生，"故三代（夏商周）以前为中国度量衡发生后尚未至阐明之时代，是为中国度量衡史之第一时期。"[②]尽管这一时期没有相关的出土实物，但从文献记载和当时的社会状况可以推

① 赵建龙. 大地湾古量器与分配制度初探. 考古与文物, 1992, 6.

② 吴承洛. 中国度量衡史. 上海：上海书店出版, 1984：6.

测，已经有权衡器具的使用，只是此时的权衡器具还不是真正意义上的日常器具，而是"藏于官府"的政治统治工具，是国家政权的象征。当然，权衡制度一直是国家政权中重要的政治经济制度，历代都有相关法令，并颁布统一的标准器。更大范围的日常用器，用于物品重量衡量的早期权衡器具，则是产生于春秋战国时期的天平衡器。

　　春秋战国时期，中国传统权衡器具的天平形式已经发展的很完备，无论是砝码还是衡杆制作都相当成熟。"楚衡"（图2-1）是此时最具代表的衡器实物资料，也是中国最早的天平形式。作为中国早期权衡器具设计的代表之一，"楚衡"是中国南方楚国故地广泛使用的权衡器具，其标志特征是以衡杆、环权、吊盘组成一套完整的权衡器具，从而区别与北方权衡器具设计的"秦权"形制。"长沙的一座木椁墓中出土的一套天平、砝码是目前为止保存最完整的天平，杆上的丝线提纽和系铜盘的丝线均保存完好，砝码九个，大小依次递减。"[①]后世环权型衡器的发展多以此形制

图2-1 楚衡

---

① 高至喜. 湖南楚墓中出土的天平与砝码. 考古，1972，4：42.

为标准。本书所谓"楚衡"不是单指"衡杆",而是指在楚国故地出土,以衡杆、环权、吊盘组成的一套完整的古代权衡器具,此类权衡器具仅铜环权出土"据不完全统计总数达400余枚"①,因此"楚衡"是指春秋战国时期楚国疆域内权衡器具设计的类型,在此时空坐标体系中的古代权衡器具的设计样式称为"楚衡"。

图2-2 秦权

而在同时期的北方地区,形成以秦国为主的"秦权"(图2-2)形制的衡器,提起"秦权"多以为是指秦代制造的"权",最权威的定义有两个:一是见于巫鸿的《秦权研究》一文,二是见于《中国大百科全书·考古学》一书。巫鸿《秦权研究》一文:"秦权,一般指秦代制造或加刻铭文的权"②,该文1979年发表于《故宫博物院院刊》,作者在总结前人研究的基础上,作出了国内较早的权威研究论断。显然吴鸿定义的"秦权"仅指统一中国后的秦代,统一度量衡制度下的"秦权",其实此类权,有些是秦代制造,有些并非秦代制造,而是秦国时期制造,秦始皇统一中国后,在秦国制造的权上加刻统一度量衡诏书的铭文,颁行全国使用而已,严格地讲这些"秦权"仍是战国时期秦国的"权制","秦始皇以商鞅统一秦国度量衡时制定的,并在秦国已实施了100多年的度量衡标准推广到全国。这一点除了可以从这两个时期器物的形制上得到证明外,还从'商鞅同方升'和'高奴禾石铜权'多次铸刻铭文上得到进一步的证实。"③因此吴鸿关于"秦权"的定义,从设计范式上,仍然是战国时秦国的"权"型,是战国时秦国度量衡制度的继续。《中国大百科全书·考古学》"秦权:秦代为统一全国度量衡制而由官府颁发的标准衡器。以

① 丘光明,丘隆,杨平.中国科学技术史——度量衡卷.北京:科学出版社,2001:127.

② 巫鸿.秦权研究.故宫博物院院刊,1979,4:33.

③ 丘光明,丘隆,杨平.中国科学技术史——度量衡卷.北京:科学出版社,2001:175.

战国时期秦国衡制为标准，也包括秦统一后，加刻诏书重新颁发的战国秦权。"[①]
该定义见于1992年版的《中国大百科全书·考古学》，随着研究的不断深入，这
一定义比吴鸿关于"秦权"的定义时空范围有所扩大，即"秦权"包括秦代的秦
权，也包括战国时期秦国的秦权。纵观战国时期北方各国，尤其强盛的赵国、齐
国的铜权，其形制皆为圆形、半圆形的鼻纽权，因此秦权也包括战国时齐、赵等
国的权衡器。所以本书所谓"秦权"在时空维度上定义为：从时间维度上，断限
在战国至秦代时期，从空间维度上，既包括统一中国后的秦代权衡器，也包括战
国时秦、赵、齐等国的衡权器，"秦权"是指战国至秦代北方衡范式权衡器的设计
类型。

　　"楚衡"与"秦权"是春秋战国时期天平形式的代表类型。以其日常性、实用
性、生活性成为权衡器具独立存在的形式。它们分别代表了在中国早期南方、北方
权衡器具两种不同类型的天平形式。从文献记载和出土实物两方面均证实春秋战国
是早期权衡器具发展的重要时期。春秋战国是中国传统器具设计发展的一个高峰期，
在"百家争鸣"的思想沃土中，各类器具设计日臻齐备，权衡器具设计在此时形成
了"楚衡"与"秦权"两种设计样式，在南方的楚国故地出土了大量的环权以及与
之配套使用的衡杆、吊盘，而在北方的秦、赵等国以及继后的秦代则出土了大量的
锤权型"秦权"。而且正是这两种权衡设计样式，直接影响了秦汉以后中国传统权
衡器具设计的发展和演变，至此中国传统权衡器具才获得独立存在的器具形式。而
且在整合"楚衡"与"秦权"的基础上，形成了中国传统权衡器具设计的主体样式
"杆秤"，因此，"楚衡"与"秦权"是早期权衡器具设计的两种形式，并直接影响了
后世中国传统权衡器具设计的整体风格。"楚衡"与"秦权"作为中国传统权衡器具
的两种不同类型，主要的区别在于其砝码形制的差异，"楚衡"为环权，"秦权"为
锤权，从而形成不同的使用范围，"楚衡"用于贵重金属和钱币的称量，而秦权量程
大，其砝码小至几十克大至上百斤，可以适用不同的称量范围。但随着统一的秦汉
帝国的建立，中国权衡器具设计逐渐走向标准化和规范化，杆秤设计在此基础上不
断完善，直到后来成为中国传统权衡器具的主流，"楚衡"与"秦权"对后来杆秤设

① 中国大百科全书《考古学》编辑委员会. 中国大百科全书·考古学. 北京：中国大百科全书出版社，
1992：394.

计产生了深远的影响。通过对"楚衡"与"秦权"设计的阐释，我们可以得出他们对后世权衡器具设计的影响主要有以下几点：其一，在"楚衡"衡杆的基础上，形成后世杆秤的秤杆，从无刻度的扁平衡杆到有刻度的圆形秤杆，其中有刻度的衡秤是过渡形式，如中国历史博物馆藏的两个"王衡"，衡杆正中有纽，一只正面显示十等分的刻度线，另一只正面显示二十等分的刻度线。正是在这样的刻度启示下才有后来精确的秤星设计。其二，"楚衡"的吊盘演化为后来盘秤的承物吊盘，大多数等子秤也是吊盘的形式，且保留了圆盘的样式。其三，"秦权"的锤权形制奠定了后世秤砣的形式，在球体、棱体的基础上，只是肩与纽的设计上有细微变化。所以正是在"楚衡"与"秦权"设计的基础上，提系杆秤设计则是在此基础上的进一步发展。

三、中国传统权衡器具的发展

中国传统权衡器具在春秋战国时期产生了成熟的天平衡器后，伴随权衡器具设计的不断发展和完善，在"楚衡"和"秦权"设计形式的基础上，从等臂的天平臂杆上发展出带有刻度的衡秤的衡杆，这就是战国晚期的衡秤设计，在衡秤设计的启发和过渡中，东汉后期萌芽了杆秤的设计形式，魏晋南北朝时期得到普及，至唐宋时不断完善，并形成精细化和规范化设计。

关于杆秤设计出现的年代，学界有四种观点：第一种观点认为战国至秦代就已出现杆秤，其依据是大量鼻纽形制的秦权单独出土，从而认为秦权就是杆秤秤砣[1]。第二种观点认为东汉时已经比较普遍地使用了，但绝不是简单地以东汉为分界线，即在此之前鼻纽权一律是砝码，此后都是秤砣，因为杆秤的普遍使用并不会导致天平的废除[2]。第三种观点认为三国时期出现杆秤，魏晋南北朝时期广为应用。"到三国时，天平中间的提纽从衡杆中间移到一端，并刻斤两之数于衡杆上，出现了提系杆秤。从现在出土的北魏北齐的一些铁秤砣中看，魏晋南北朝时期杆秤已经通行，并且广为应用。"[3]第四种观点在综合了前三种观点的基础上，认为杆秤初创于东汉

---

① 张勋燎. 杆秤的起源和秦权的使用方法. 四川大学学报，1977，3.

② 丘光明. 我国古代权衡器简论. 文物，1984，10：77.

③ 王云. 魏晋南北朝时期的度量衡. 见：中国古代度量衡论文集. 郑州：中州古籍出版社，1990：31.

时期，广为使用于南北朝时期，"杆秤虽在南北朝已广为行用，但其初创发明却在稍早的东汉末。"[①] 其实上述诸家观点都有一定的道理，但据文献和出土文物判断，最早的杆秤当在东汉已经产生，经过魏晋的发展，至南北朝时期广泛使用，唐宋时期在设计上不断精细化和标准化，直至形成完备的系列杆秤形式。这应该是杆秤发展的一条主要历史脉络。

东汉时期，根据铁权与秤钩同时出土的实物痕迹，可以看出东汉是传统权衡器具由天平向杆秤发展的重要时期，锤权逐渐向日后杆秤的秤砣演变。如1984年出土于陕西眉县东汉墓的铁权，实测权重225克，无自铭重量，与铁权同时出土的还有一个长6厘米的铁秤钩，秤钩形状呈"W"形，此外旁边还有大约长30厘米的圆柱形木质朽痕，据此考古学家推论这是墓主人生前使用的一套完整的木杆秤[②]。再如四川彭山县出土的铁权及秤钩，铁权高3.2厘米，底径4.8厘米，秤钩顶有圆穿孔，孔径0.5厘米，钩长8.2厘米[③]。这些资料显示，秤钩伴秤砣出土，杆秤设计已经出现并开始使用，由于限于实物资料的匮乏，还不能确定东汉时期杆秤设计的具体形制，但至少说明此时杆秤开始使用，还可见杆秤重要的结构——秤钩的最初设计形制。

魏晋南北朝时期，杆秤普遍使用，东汉至魏晋南北朝时期虽然是中国历史上割据的民族大融合时期，但却是杆秤发展的重要时期。最早的有关杆秤使用的图像资料是南朝张僧繇绘制的《执秤图》[④]（图2-3）。图中杆秤的提系位于秤杆五分之四处，还只是初期杆秤的形式。甚至北魏时期的杆秤使用图像资料，仍然显示秤杆上的提系还是比较靠近秤杆中间部位，如北魏壁画中的《北魏秤鸽图（临摹）》（图2-4）中的杆秤，与成熟的杆秤设计还是有一定差距。但是北朝后期陡然出现了一斤相当于600克的大衡制[⑤]，郭正忠在《三至十四世纪的中国权衡度量》一书中认为，量值的变化与衡器的改变有直接关系。"东汉、三国开始的那次转折，曾由杆秤崛起而打破自古以天平为单一衡器的局面，并从衡器变革引发了衡制变迁——由单一的小

---

① 郭正忠. 三至十四世纪的权衡度量. 北京：中国社会科学出版社，1993：30.

② 丘光明，丘隆，杨平. 中国科学技术史——度量衡卷. 北京：科学出版社，2001：249.

③ 四川彭山一座残岩墓. 考古，1991，6.

④ 郑振铎. 中国历史参考图谱. 第8辑：两晋南北朝（一）图版14第47图. 上海出版公司，1950.

⑤ 丘光明，丘隆，杨平. 中国科学技术史——度量衡卷. 北京：科学出版社，2001：447.

图2-3 南朝执秤图（临摹）

图2-4 北魏称鸽图（临摹）

秤制，发展出大斤大两制与之并行"①。到唐宋杆秤发展已经相当成熟，不仅有精确的日用提系杆秤，而且形成大秤、日用秤、等子秤等系列化杆秤，满足不同的量程要求。纵观杆秤的发展过程，小型杆秤从魏晋至隋唐的"单秤"，到宋代的"戥秤"，杆秤设计精细化、精确度不断提高，杆秤设计日臻成熟。日用秤随着小型"药秤"的发展也不断精密化，而"货秤"在"货衡"的基础上，提高了称量的效率，以较小的秤砣就可以称量较重的货物，总之权衡器具由天平至杆秤的进化过程，使得权衡器具不断完善并形成中国权衡器具的设计传统。

那么，杆秤的秤星何时出现？无疑是天平衡杆到杆秤秤杆的设计发展中的关键，从发展的逻辑关系上必然是先有平分衡杆的刻度线，然后在刻度线的基础上，演变为秤杆上的刻度。关于衡杆上有斤两之数，很多学者根据三国韦昭注《国语》："衡，秤上衡，有斤两之数。"这一句推断，衡上有斤两之数，就是指衡杆上的刻度数，断定三国时期衡有刻度之始。"衡杆上刻斤、两以记重的记载最早见于《国语》，三国韦昭注《国语》：'衡，秤上衡，有斤两之数。'马衡指出：'以衡计数，自三国时已然。'"②之后人云亦云。如果我们把三国韦昭注《国语》："衡，秤上衡，有斤两之数。"这句话放回原文，重新理解，与《国语》原文

① 郭正忠·三至十四世纪中国的权衡度量.北京：中国社会科学出版社，1993：2.
② 丘光明，丘隆，杨平.中国科学技术史——度量衡卷.北京：科学出版社，2001：257.

联系在一起理解韦昭的注解，就能得到真正的原意。《国语》原文为："是故先王之制锺也，大不出钧，重不过石，律度量衡於是乎生，小大器用於是乎出，故圣人慎之。"① 说的是景王二十三年欲造无射大钟，单穆公劝阻景王，先王制锺很谨慎，因为锺关乎律度量衡之制，所以不可轻易制锺。韦昭的注释条为"律，五声阴阳之法也。度，长尺也。量，斗斛也。衡，秤上衡。衡有斤两之数，生于黄锺。黄锺之管容秬黍千二百粒，粒百为铢，是为一龠，龠二为合，合重一两。故曰'律度量衡於是乎生'也。"显然这里韦昭的注释"斤两之数"是指斤两的量值多少是根据黄锺之律而来，实质是解释衡的单位量值诸如铢、两的单位如何确定的，所以"衡，秤上衡，有斤两之数。"并不是指衡杆上有斤两的刻度，如果理解为是指衡杆上的斤两刻度，则是断章取义。不能根据韦昭的注释来推断三国时衡杆就有斤两的刻度。其实杆秤秤星经过两个发展时期：一是"均分刻度"，二是"斤两刻度"。由此可见，杆秤并不是一开始就有"斤两刻度"，而是先有均分杆秤的刻度，后来才有更为精细的"斤两刻度"。"均分刻度"在战国时期的"王衡"衡杆上就已出现，那是衡秤上的均分刻度，这也正是天平向杆秤发展的一个阶段即"衡秤"类型。根据杆秤普及使用的情况，应该在南北朝时期开始出现"斤两刻度"，只有斤两刻度出现以后，锤权才真正具有秤砣的意义。

因此中国传统权衡器具设计首先在春秋战国时期产生了天平形式的权衡器具，这类权衡器具以环权型的"楚衡"和锤权型的"秦权"为代表，它们分别代表了早期天平设计的两种形式。其后随着人们对杠杆原理的进一步认识和社会生活方式的变化，东汉时期萌芽了另一类权衡器具——杆秤，它从战国后期的衡秤形式过渡而来，从等臂衡杆上的等分的刻度，到不等臂秤杆上的秤星设计；从长方的片状型衡杆，到前粗后细的圆形秤杆，是杆秤设计演变的一条主线。直到南北朝时期杆秤开始逐渐普及使用，并经过唐宋时期的精细化发展，它成为中国传统权衡器具设计的主体形式。

---

① 国语（下）：卷三．上海：上海古籍出版社，1998：123．

第二节

中国传统权衡器具的设计原理

传统权衡器具的设计原理直接源于科学的杠杆原理。人类在长期的生活和劳动实践中，逐渐认识到杠杆原理，并利用杠杆原理进行器具设计。权衡器具是利用杠杆原理设计创制器具的典型代表，杠杆原理就是权衡器具的力学设计原理。天平衡器是根据等臂杠杆原理而设计，杆秤是根据不等臂杠杆原理而设计。而且正是杠杆的力学运动原理决定了权衡器具基本的效用原理。因此权衡器具设计原理包括力学原理和效用原理。

一、传统权衡器具设计的力学原理

器具的力学设计原理是指器具设计中科学技术应用的方式。设计与科学技术的关系密不可分，科学技术是设计的理论基础，科学的发展直接影响着设计水平，设计则是科学技术实现为人类服务的手段。对中国传统权衡器具设计而言，也许有人会认为更多的是科技设计成分，而艺术设计成分较少。其实这是对传统权衡器具设计中科学与艺术关系的模糊认识所致。设计从来不能回避科学，而且好的典范设计也从未回避过科学。优秀的设计总是艺术与科学的完美结合。科学知识源于人们在生产实践中不断积累的认识，当科学知识积累到一定程度，人类利用掌握的科学知识进行设计和制造器具，就是科学知识的物化，就会产生新的技术，从而发明新的工具和新的工艺。设计是艺术与科学的完美化合，设计离不开科学，但设计又区别于科学，设计是理性科学的感性物化过程。例如，1993年荷兰设计师维瑟（Arnout Visser）的设计作品"油醋罐"（图2-5），油醋本来是截然不同的两类物质，应该分装在两个不同的瓶子，但是设计师利用油醋比重不同的物理原理，使油醋同处一罐，醋在下层，油在上层，并且在罐子左右两端分别设有开口管，使油醋各有出口。尽管人人都知道油醋比重不同的科学原理，但是只有将这一科学原理充分应用在设计中，才能产生创新性设计，所以优秀的设计是科学与艺术的完美结合。中国传统权衡器具设计体现了杠杆力学原理在权衡器具设计中的应用方式。

（一）杠杆力学原理与相关器具设计

杠杆作为简单的机械工具，是人类最早用于减轻劳动强度的工具之一。早在新石器时代人类已经有了杠杆的使用经验，新石器时期对石器、骨器等工具钻孔后装上手柄，就是利用杠杆减轻劳动的使用经验。图2-6就是杠杆作为机械工具的应用。但是新石器时期使用手柄还只是自发地利用杠杆原理，人类还没用形成自觉的杠杆原理科学认知。"这种工具较旧石器时代直接手握的手斧相比，最大的进步是加大了臂距提高了生产的效率。"[①] 人类在长期使用杠杆的经验积累中，逐渐认识、掌握了科学的杠杆原理，并自觉利用杠杆原理设计创制器具。从使用经验到认识杠杆原理，并利用杠杆原理创制器具，经过了漫长的演化过程。在人类文明发展的"轴心时代"，东西方智者都在理论上提出并总结了杠杆原理，如古希腊阿基米德曾言："假

图2-5 荷兰"油醋罐"

图2-6 石斧的手柄

① 王琥. 中国传统器具设计研究：卷二. 南京：江苏美术出版社，2006：3.

图 2-7 桔槔模型图

如给我一个支点，我就能把地球挪动。"说的就是杠杆原理。中国的先秦诸子很早就认识到杠杆的原理，在先秦的诸子著述中以《墨子·经说下》第四十三记录最详："衡加重于其一旁，必捶（垂）。权重相若也相衡，则本短标长。两加焉，重相若，则标必下，标得权也。"[①]其实杠杆原理用简单的公式表达就是：动力×动力臂=阻力×阻力臂，在使用杠杆时，欲省力，就用动力臂比阻力臂长的杠杆；欲省距离，就用动力臂比阻力臂短的杠杆。

中国古代利用杠杆力学原理创制的器具很多，如桔槔、权衡器具等。桔槔（图2-7）俗称"吊杆"。春秋时期桔槔已相当普遍[②]，是中国农村历代通用的旧式提水器具，是典型的利用杠杆原理的汲水器械。桔槔的设计为井旁置架，架上挂一杠杆，中间是支点，末端悬挂一个重物，前段悬挂水桶。汲水时水桶放入水中打满水后，由于杠杆末端的重力作用，便能轻易把水提拉至所需处，由此省力。这虽然只是简单的汲水工具，但它的设计与使用不仅减轻人的劳动强度，而且展示了人类利用杠杆知识设计制作器具的创造性能力。权衡器具设计是对杠杆原理最直接的应用设计。杠杆原理中有等臂杠杆和不等臂杠杆之分，因此权衡器具的设计中，根据等臂杠杆原理设计的典型衡器就是天平，根据不等臂杠杆原理设计的典型衡器就是杆秤。

---

① 孙诒让. 新编诸子集成·墨子闲诂. 孙启治点校. 北京：中华书局，2001：369.
② 桔槔为提升器械。1988年，江西瑞昌古铜矿选矿区，发现一根长2.6米，下粗上细的圆木杆。杆自上而下的1.66米处，有一弧形凹槽，正好可用绳将其系在另一立杆上。经研究，认为该杆为桔槔的衡杆，这是西周时用桔槔提拉矿石的实证。春秋战国时期，这种机械已普遍使用（陆敬严，华觉明. 中国科学技术史——机械卷. 北京：科学出版社，2000：47.）。

（二）等臂杠杆原理与天平衡器

利用等臂原理设计的最早的权衡器具是古代天平。古代天平称为"衡"或"秤"，天平是后人对权衡器具的一种称呼，是传统权衡器具最初的形式。世界各大文明都有早期使用天平测重的实物或图像资料，古埃及在大约公元前1350年就已使用（图2-8），其衡杆长30厘米，悬吊在固定的支架上，砝码为青铜铸造的动物和鸟的形状，而且古埃及壁画上也有使用天平的画面[①]。

图 2-8　古埃及木质天平

再如古巴比伦人的石制"睡鸭"砝码（图2-9）。古希腊的瓶画也记载了天平使用的痕迹（图2-10），古希腊陶瓶画上的天平设计结构完整而合理，画面上一位长者坐在交椅上，监督收租的场面，天平悬吊使用，衡杆为中间粗两端细的圆木杆，两端吊挂秤物的圆盘。从称量谷物上看，应是大型天平。古罗马的天平实物设计非常精致（图2-11），整套天平包括天平衡杆、天平底座、吊盘、砝码等几个部分。纵观以上世界各大文明的天平衡器使用情况，可以看出古代埃及的天平衡器出现最早，古希腊的天平衡器设计

图 2-9　古巴比伦"睡鸭"砝码

[①] 参见费尔南·布罗代尔·地中海考古·北京：社会科学文献出版社，2005，图版28，画面上死者之神阿努比斯在地狱门口，用天平称量死者的心肝，然后交给阴间王奥西里斯审判，尽管此处天平不是用于商贸交换，但的确天平已经作为计量器具来使用。

图2-10 古希腊瓶画上的天平

图2-11 古罗马天平与砝码

最为精致。但不管怎样天平衡器作为称量器具，在世界各文明区域都曾广为使用。

中国在春秋战国时期，就已经有了设计精密的天平衡器，"从考古发掘中看到，战国时期中国已有了天平，天平是精密的衡器，它的制作和使用，证明当时人们对杠杆原理的认识已达到相当高的水平。"[1]天平是等臂形式的衡器，在中国传统权衡器具中一直广为使用。如战国天平"楚衡"的设计是等臂杠杆原理的直观显现，在一根杠杆中间安装提纽作为支点，两端系吊盘，一端放重物，另一端放砝码，就可以称量物体的重量。按照等臂的杠杆原理，当衡杆平衡时物体重量与砝码重量相等。"楚衡"的主体结构为衡杆、环权和吊盘，衡杆相当于等臂杠杆的"臂杆"，中间的提纽相当于杠杆的支点，平分整个臂杆，形成等臂的力臂与阻臂，两端的吊盘孔点，一端是力点，另一端是重点，当三点的力达到平衡时，衡杆保持平衡，通过力点处的砝码直接读出重点处所测物体的重量。图2-12中一边吊盘的砝码重量为G1，另一端吊盘物体重量为G2，衡杆上两端的吊盘点为A、B两

---

① 国家文物局，中国历史博物馆．中国古代科技文物展．北京：朝华出版社，1997：114．

点，中间的提纽点为C，AC之间的距离X_1就相当于杠杆原理的阻力力臂，BC之间的距离X_2就相当于杠杆原理的动力力臂。根据杠杆原理：$G_1 \times X_1 = G_2 \times X_2$，当$X_1$与$X_2$相等时，那么$G_1$就等于$G_2$，所以所测物体的重量就等于砝码的重量，这就是天平衡器的设计原理。其器具效用通过三个相互作用的点，利用杠杆平衡原理实现测重功能。

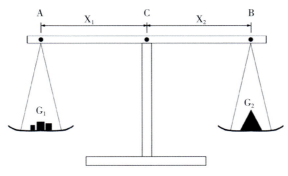

图2-12　天平设计原理示意图

（三）不等臂杠杆与杆秤

在传统权衡器具中，天平和杆秤都是常用的权衡器。权衡器具的总体进化趋势是等臂形式向不等臂形式不断演变的过程，从等臂形式的天平设计到不等臂形式的杆秤设计，是中国传统权衡器具设计发展的主线，无疑杆秤的设计形式是在天平衡器设计的基础上进化而来，"器具的演化是连续的，是以以往的器具为基础的。"[1]天平与杆秤最本质的区别在于一个是等臂杠杆，另一个是不等臂杠杆，天平为等臂的权衡器具，杆秤为不等臂的权衡器具。中国权衡器具设计自东汉以后逐渐形成权衡器具的主体形式"杆秤"，即权衡器具的不等臂形式。与天平的设计形式比较，杆秤的设计形式有三点规定性：一是提纽不在秤杆中间，而是靠近一端；二是秤杆上有斤两的刻度；三是砝码变成可以移动的秤砣，物体重量不是根据砝码而是根据刻度读出。丘光明给出的定义为："提纽在一端，臂不等长，而且衡杆上有斤、两分度，

---

① 亨利·佩卓斯基. 器具的进化. 丁佩芝译. 北京：中国社会科学出版社，1999：2.

靠秤砣来调节秤杆平衡的称量工具叫做提系式杆秤。"[1]郭正忠在《三至十四世纪的中国权衡度量》中讲："杆秤，或称为不等臂提系杆秤，这是衡杆标刻星度、而毫纽又往往不在秤杆中心的位置的衡器。其秤杆一端系物，毫纽另一端可随处挂权——俗曰秤砣。"[2]由此可见杆秤与天平的本质区别在于臂杆的不等臂与等臂的结构区别。

　　杆秤的设计是不等臂杠杆原理的利用，根据杠杆原理要求在衡杆平衡条件下，力和力臂的乘积在量值上要相等，杆秤设计就是利用杠杆的这一平衡原理，如图2-13所示，A点固定秤钩，用以吊挂需要测重的物体；C点是提钮，为杆秤的固定转动轴；D点为杆秤的重心；当秤钩没有挂物体时，移动秤砣于B点提起提纽，则秤杆保持平衡，此时秤锤位置B点就是杆秤的零刻度，也叫做定盘星。杆秤测重时工作原理如图2-14所示，A点为固定秤钩，C点为提钮，D为定星点，G为秤杆、秤钩的总重，B点为重心，砣重设为GO，当挂一重物GX时，秤砣移到E点，秤杆保持平衡，设E点距定星点距离X，根据杠杆原理：权重×权臂=物重×物臂，所以称量物体时，秤砣距定星点的距离X与被称的物体重GX成正比关系，故随着物重的增加，秤砣不断向杆尾移动。

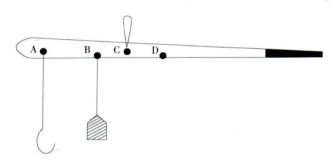

图2-13　杆秤力学原理示意图

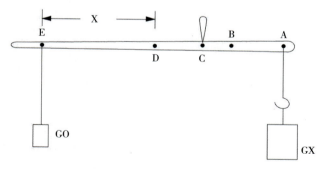

图2-14　杆秤工作原理示意图

---

① 丘光明，丘隆，杨平. 中国科学技术史——度量衡卷. 北京：科学出版社，2001：255.
② 郭正忠. 三至十四世纪的中国权衡度量. 北京：中国社会科学出版社，1993：29.

二、传统权衡器具设计的效用原理

器具的设计原理不仅包括力学原理的应用，还包括对器具效用原理的设计。所谓器具的效用原理就是器具实用功能的实现方式，具体表现为器具与环境、器具与人、器具与物相互作用的关系。所以器具的效用原理体现为使用方式的设计。器具使用方式是指某类器具使用范围、如何使用以及如何贮藏等直接关系器具使用环节的设计。使用范围是器具与环境之间的关系即效用维度，如何使用是人与器具的联结关系即操持方式，如何贮藏是器具与物的联结关系即贮藏方式。器具的使用方式是通过一个完整的器具功能系统来实现的；器具功能系统的要素是由器具、环境（使用范围）、人（使用者）、物（施用者）四者构成。这四者彼此之间的联结方式就是器具的效用原理。根据权衡器具的力学设计原理，衡杆（秤杆）上的三个力点，是将人（操持者）、物（被测物体）、器具（权衡器具）连接在一个统一的器具系统之中，实现权衡器具称量效用的实际功能。

（一）权衡器具的效用维度

在当代设计中提倡"通用设计"，事实上是力求扩大产品（器具）的使用范围，尤其是指扩大产品使用者的使用范围，使产品尽可能满足各个层次上的使用者。即"设计必须与使用者共生，并且不断地追求其真实的使用实态。"[1] 其实任何器具在使用中都有具体的使用范围，效用维度是指器具使用范围在时间和空间上的维度，权衡器具的效用维度设计包括时间范围和空间范围两个向度的展开。传统权衡器具的天平和杆秤设计中分别有不同的效用维度，总体来讲，传统天平主要用于少量物品的称量，但也有大宗货物的"货衡"。而杆秤中既有少量物品的称量的"星秤"，也有称量日常物品的日用杆秤，甚至大型杆秤。

楚衡的效用维度就是春秋战国时期楚国区域内用于测量金属货币的小型权衡器具。根据楚衡天平、砝码的出土情况，我们可以重建楚衡在现实生活的效用维度，"一般的木椁墓往往把天平、法马[2] 放在竹笥内，如54长沙左M15（注：指1954年长沙左家山出土的一套天平），在'头箱'（即棺椁间的头部空间）内放一竹笥，内

---

[1] 中川聪. 通用设计的教科书. 张旭晴译. 新北：龙溪国际图书有限公司，2006：64.

[2] 此处"法马"字应为"砝码"，原文有误，下同。

置一套天平法马，还有铁削、木梳、毛笔、笔筒、竹算筹和泥饼等物。58常棉M47（注：指1958年湖南常德德山墓出土的一套天平）出土的天平砝码放在头箱和边箱交界处的竹筒内，同时还有鼻蚁钱和铜铃等。"[1]根据考古发现的记录，天平砝码与铁削、木梳、毛笔、笔筒、竹算筹、泥饼、鼻蚁钱和铜铃等生活日用器具并置在一起，可见在当时楚衡是极其普通的日用器具，在现实生活中的使用频率较高。再如西汉"钱衡"的出土考古记载竹制天平衡杆和砝码置于边箱里的竹筒内，另外同时也放置笔、墨、牍、砚、削、半两钱和算筹等。[2]由此可见"楚衡"与"汉钱衡"在现实空间的使用维度相似，同是测量钱币的小型衡器，而且在器具品类上度量衡器具与文具、钱币、算具等同为一类的日用器具。可见楚衡为主体的环权型权衡器主要是用于精确称量的小型权衡器具。

而战国至秦汉时期的"秦权"、"汉权"轻重不一，其权重小至几两大至上百斤，可见这些权的效用维度根据自身权重而不同，几斤至几十斤的权为日常用衡器，而百斤以上的大型权则是称量粮草、谷物的"货衡"。但是由于天平是等臂杠杆的设计原理，等量权重称量等量的物品，所以一定量的权只能称量一定量的物品，可见秦权做为砝码局限于定量的砝码只能称量定量的物品，从而限制了天平的效用维度。与不等臂的杆秤设计比较而言，这是等臂天平形式的权衡器具在效用维度上的局限性。

杆秤由于采用了不等臂的杠杆设计原理，从而极大地扩展了其效用维度，一杆秤可以最小称量几两，最大称量几十斤。如一杆10斤的秤，杆长55厘米，砣重250克（5两），最小称量一两，最大称量10斤，也就是说10斤的秤可以称量0.1斤~10斤之间的各种称量范围；再如一杆2斤的秤，杆长只有40厘米，砣重只有50克（1两），最小称量2克（0.04两），可见2斤的杆秤称量范围在2克（0.04两）至2斤之间。[3]通过以上两例杆秤，可以看出当杆长固定，秤砣定量，一根杆秤的效用维度也是固定的。杆秤与天平比较而言，对于天平衡器，50克（1两）的砝码只能称量50克（1两）重的物体，而对于杆秤，50克（1两）的秤砣可以称量2克（0.04两）至2斤之间任意的物

---

① 高至喜. 湖南楚墓中出土的天平与法马. 考古，1972，4：42.
② 湖北江陵凤凰山一六八号汉墓发掘简报. 文物，1975，9：1.
③ JJG-2002中华人民共和国国家计量检定规程. 北京：中国计量出版社，2003.

体重量。杆秤由于采用了不等臂的杠杆设计原理，从而极大地扩展了其效用的维度。因此权衡器具设计的发展就是不断提高权衡器具效用维度的设计过程。

（二）权衡器具的操持方式

权衡器具的操持方式也是设计原理的一个部分。操持方式是器具与人和物体的连接方式，这一连接方式是通过器具与人所构成的操作界面而实现，"界面"一词是当代设计中广泛用于人机工程学的术语。"人机系统一旦建立，人机界面便随之形成。人机系统的人机界面是指系统中的人、机、环境之间相互作用的区域。"[1] 器具的操持界面是指器具与人、器具与物、器具与环境连接的界面。天平衡器的操持方式为天平悬吊于固定的天平支架上，根据砝码重量大小，在使用中根据具体情况区分为日用衡和货衡。无自铭重量小型权和有自铭重量十斤以下的中型权，应为日用衡的砝码，是称量日用物品的权衡器。"货衡"是有自铭重量的大型权，从几十斤到百斤以上的大型砝码属于大型衡器"货衡"，用于称量粮草、盐等。吊盘天平的衡杆中间为穿孔提纽，两端为吊盘，根据人双手使用工具的习惯和特征，一只手负责持物放入吊盘，另一只手持砝码放入另一吊盘，双手对称使用，衡杆中间的提纽只能通过悬挂固定在支架上，所以吊盘天平衡器为衡杆固定悬吊的使用方式。因此衡杆上的提纽是天平与天平支架连接的中介，而两端的吊盘则是承载砝码和所测物体的中介（图2-15）。而对于大型天平，由于所称量的物体比较重，砝码也重，故而天平衡器与物体和砝码的连接方式也发生变化，衡杆仍为悬挂使用，而衡杆两端的吊盘，改为悬吊的钩挂结构。即衡杆悬挂在特定的天平架

图2-15 小型天平器具的操持方式

---

① 丁玉兰. 人机工程学（第三版）. 北京：北京理工大学出版社，2005：90.

上，天平一端挂锤权型砝码，另一端挂置货物，与"日用衡"不同的是，货衡称量时不增添砝码，而是根据砝码增添货物，直至天平平衡。明清时期此类"货衡"还在广泛使用。如清《两淮盐法志》中的大型天平衡器（图2-16）。两端以高大的竹木搭成三角衡架，一根固定的木杆架于衡架之上，衡杆悬环系于固定的木杆之下，衡杆一端悬锤权，另一端悬挂货物，货衡虽然在唐宋以后使用渐少，但是它悬挂使用的方式，被后来的"货秤"继承，开创了更为便捷的称量方式。由此可见，即使相同的器具类型，由于天平衡器不同的效用维度变化，直接改变了器具的操持方式。

清《两淮盐法志》中的"解盐图"

图2-16　大型天平器具的操持方式

图2-17　杆秤的手提式操持方式

提系杆秤的操持方式中，不同的秤有不同的称量范围，不同的称量范围决定了不同的使用方式，形成了手提、肩扛、悬挂等多种形式。百斤以上大秤，其使用方式多为肩扛式，而几斤至几十斤的小秤，由于最大称量范围较小，用手可以提起货物，一般使用手提式方式（图2-17），持秤者一只手执秤之提纽，另一只手移动游砣，提纽是秤杆与人（操持者）连接的方式，也就是使用者通过提纽作用于权衡器具，而吊盘或秤钩是权衡器具与物的连接方式，器具与物的关系是器具功能的直接实现。通过吊盘或秤钩，权衡器具的主体结构与物构成器具的功能系统。如日用杆秤中通过秤钩钩挂所称物体，使得"物"（被测物体）进入器具的称量系统，从而实现权衡器具的测量功能。日常集贸市场上的日用杆秤称量范围一般在几斤至十几斤，多为手提式操持方式，右手抓提纽提起秤杆，左手根据重量移动秤砣。这类杆秤在今天的乡村集贸市场依然广为使用（图2-18）。再如"民国苏州大秤"，杆秤最大称量200市斤，为大秤，用手无法提起货物，称量时必须为肩扛式（图2-19），以木杆穿于提纽处的铁丝环中，两人抬起被称物体，根据物重移动秤砣，称得物重。

图2-18 手提式杆秤的使用现况

图2-19 杆秤的肩扛式操持方式

（三）权衡器具的贮存方式

任何器物一经产生都有其独特的贮存方式，贮存方式的设计是器具结构功能的延伸，合理的贮存方式设计是器具设计重要的一环，不同类型、不同功能的权衡器具有不同的贮存方式。中国传统权衡器具的贮存方式主要有三种形式。

（1）箱式贮存方式。箱式贮存主要用于小型天平的贮存。如"清代木质天平箱架"（图2-20），箱内可贮藏砝码、铜盘等构件，箱上的支架既是贮存箱的提手，又是悬挂天平的支架，一种结构兼有两种功能。箱式贮存方式的设计不仅有贮藏的功能，而且兼有天平支架底

图2-20 清代木质天平箱架

座的功能。天平闲置或携带时，吊盘、砝码、衡杆等可以置于箱内，不仅便于贮存也便于携带。

（2）盒式贮存方式。盒式贮存主要用于"戥秤"的贮存方式，如"民间戥秤与戥秤盒"（图2-21）盒子形似琵琶，由上下两片合成，下片较厚为盒体，盒内分割为三个凹槽空间，分别放置秤砣、圆盘、秤杆，上片较薄为盒盖。盒式贮存方式设计精巧，便于携带。

（3）悬挂贮存方式。主要用于日用杆秤的贮存，由于秤杆与秤砣的分离式存在，这就决定其贮存方式的关键问题是秤体与秤砣的连接设计，杆秤的贮存方式为垂直放置贮存方式，将秤砣悬挂于秤钩上，然后以秤钩垂直悬挂于墙壁等处（图2-22），这是杆秤的主要贮存方式。例如苏州吴县车坊镇路阿龙家里的一杆常用杆秤挂在墙上（图2-23），通过悬挂的方式使得秤砣与秤杆连接在一起，不至丢失秤砣，同时由于杆秤为木质的秤杆材料，悬挂贮存保护秤杆不易变形和折断。

可见，不同的权衡器具由于使用方式的不同，结构和形态的差异，而各有其不同的贮存方式。贮存方

图 2-21　民间戥秤与戥秤盒

图 2-22　杆秤的悬挂贮存方式

式的设计是其效用原理的重要方面之一。

中国传统权衡器具的设计历史，首先在春秋战国时期产生了天平形式的权衡器具，其后随着人们对杠杆原理的进一步认识和社会生活方式的变化，东汉时期萌芽的另一类权衡器具就是杆秤，它从战国后期的衡秤形式过渡，直到南北朝时期杆秤开始逐渐普及使用，经过唐宋时期的精细化发展，它成为中国传统权衡器具的主体形式。天平衡器的设计形式是源于等臂杠杆原理，而提系杆秤的设计形式源于不等臂杠杆原理。虽然同是杠杆原理，但是由于天平和杆秤设计利用了杠杆原理的不同方式，从而产生了不同形式的权衡器具设计。正是以此为据，中国传统权衡器具分为"衡范式"和"秤范式"两种设计范式。

图 2-23　农家闲置杆秤贮存图

第三章

中国传统权衡器具的设计范式

　　"范式"的本意源于语言学，美国学者托马斯·库恩将"范式"一词引入科学、哲学的研究之中，之后被广为借用。本书借用"范式"的概念，是指"器具范式"。本书权衡器具设计范式是根据中国传统权衡器具的不同设计形式而划分。正如上章所述，传统权衡器具的设计原理是根据杠杆原理而来，并根据对杠杆原理的不同利用方式，而产生和发展了中国权衡器具设计的两种形式，即天平形式和杆秤形式。本书为了探寻传统权衡器具设计进化的轨迹，将根据等臂杠杆原理设计的天平形式的各类权衡器具称为"衡范式"，而将根据不等臂杠杆原理设计的杆秤形式的各类权衡器具称为"秤范式"；并从"衡范式"和"秤范式"设计的各类权衡器具的传承关系，试图寻找中国传统权衡器具设计进化的规律。

第一节
中国传统权衡器具的设计范式

一、器具范式的内涵

器具类别的演化与发展有其内在的逻辑结构，并不与历史朝代的更迭相一致。"只要稍稍关注那些造物工艺的生成发展历史，就可得到相当多的启发，一个造物品类的诞生、成长、繁盛、消亡并不与时代或朝代同步，造物为社会认识，被应用于实际生活首先是产品，产品的更迭有其内在机制，时代的影响并不是主要的。"[①]对于中国传统权衡器具设计的研究，首先把它们放到具体的历史发展过程之中，对其自身的结构变化、彼此之间的承前启后进行分类概括。但是权衡器具的设计演化不能以历史朝代的更迭为依据，它的演化发展是在技术知识、生活需求、文化背景等综合因素影响的结果。在对中国传统权衡器具的分类概括研究中，本书借用"范式"的概念，以"器具范式"的标准对各类传统权衡器具进行分类研究。

"范式"一词本是语言学中的术语，本意是指语言中的语法、词形的变化规则，后来由美国学者托马斯·库恩在他的著作《科学革命的结构》引入科学哲学的研究之中，库恩所谓的"范式"本意是指"我所谓的范式通常是指那些公认的科学成就，它们在一段时间里为实践共同体提供典型的问题和解答。"[②]显然托马斯·库恩的"范式"是指"科学范式"，指"对某一时期某一专业做仔细的历史研究，就能发现一

[①] 李立新. 中国设计艺术史论. 天津：天津人民出版社，2004：9.
[②] 托马斯·库恩. 科学革命的结构. 金吾伦，胡新和译. 北京：北京大学出版社，2003：4.

组反复出现类标准式的实例，体现各种理论在其概念的、观察的和仪器的应用中。这些实例就是共同体的范式。"①托马斯·库恩以科学范式的理论框架，阐释常规科学与科学革命的本质，揭示科学革命的结构。他认为学科的形成，科学知识的积累和突破的过程，就表现为范式的建立，即以新范式的构建和旧范式的突破为演进程序。李心峰在关于艺术类型学的研究中，也参用"范式"的概念，"艺术类型的演化与科学的发展相似，它表现为艺术类型范式的建构与突破的矛盾运动过程。任何一种艺术类型都可以说是一种范式。艺术类型范式在形式上规范着某种艺术类型整体结构方式，同时也积淀了特定的艺术体验和感知方式。艺术类型范式是由各个规范要素组成的整体，它包括某种艺术类型形成所需要的物质要素、创作工具和手段、特定的主题内容和表现对象等，也包括特定的艺术体验和感知方式。实质上范式是一种限制，是客观性的限制和主观性的限制的统一。"②不仅艺术类型范式与科学范式相近，器具作为人类科学知识应用的造物结果，器具类型范式与艺术类型范式更加逶近，因此器具类型范式可以借鉴"范式"的概念加以描述，"器具范式"就是器具类型演化的形式，它表现为新旧器具范式的建构与突破。"器具范式"在内容上体现为器具范式的功能要素和结构形式以及特定物质要素和工艺要求；在形式上规范着器具的整体视觉形态，同时也显示特定的使用方式和操持方式。

二、中国传统权衡器具的两种设计范式

按照以上"器具范式"成立的条件，本书把中国传统权衡器具的设计范式主要分为两类，即"衡范式"和"秤范式"。在古代，尤其是在杆秤的演化过程中，人们关于"衡"或"秤"的称谓其实不是很严格，往往把所有的权衡器具统称为"衡器"，"秤"又单指提系杆秤一类。本书对中国传统权衡器具的分类，按照量物方式的不同特点，把中国传统权衡器具分为"衡范式"和"秤范式"。根据等臂杠杆原理设计的权衡器具为"衡范式"，根据不等臂杠杆原理设计的权衡器具为"秤范式"。

"衡范式"权衡器具在使用功能上表现为"等量衡量"的量物方式，在结构形态

① 托马斯·库恩.科学革命的结构.金吾伦，胡刘和译.北京：北京大学出版社，2003：40.
② 李心峰.艺术类型学.北京：文化艺术出版社，1998：45.

上表现为对称平衡的视觉设计形式。根据"衡范式"的定义，"衡范式"权衡器具就是指天平形式的衡器。从中国权衡器具的产生上看，最先出现的就是天平形式的权衡器具，"衡范式"权衡器具在中国传统权衡器具的发展中一直广为使用，根据各类"衡范式"权衡器具的使用特点和主要结构——砝码形制的不同，"衡范式"权衡器具主要分为三种类型：一是"环权型"，多以环权为砝码，主要专用于货币等贵重金属的称量，也称为"钱衡"，环权型的衡器以"楚衡"为代表器具。主要为用于少量贵重物品称量的小型天平衡器。二是"锤权型"，多以锤权为砝码，锤权型衡器量程较大，从日常市肆货物称量的中型天平，到几十斤、百斤以上大型货物称量的大型天平。锤权型衡器以"秦权"为代表器具。主要为用于称量谷物、粮草、盐茶的大中型天平衡器。三是"块状权型"，多以鼓形权、方柱形权、银铤形权为砝码。块状权型衡器以宋元、明清的天平衡器为代表。主要用于钱币称量或者检校杆秤的标准砝码。

"秤范式"在使用功能上表现为"非等量衡量"的量物方式，在结构形态上表现为非对称的均衡视觉设计形式。"秤范式"主要指杆秤形式的权衡器。从"秤范式"权衡器具的发展演变上看，权衡器具是由等臂形式到不等臂形式的发展轨迹，"秤范式"权衡器具是在"衡范式"权衡器具的基础上发展而来。根据其使用特点的不同，"秤范式"权衡器具也主要分为三种类型：一是"衡秤"，"衡秤"是权衡器具由天平衡器向杆秤的过渡形式。以出土的两件"战国王衡"为代表。"衡秤"的特点在于衡杆上增加了刻度，使用时根据刻度调节衡杆长度，也就是说使用中已经开始利用不等臂的杠杆原理。根据它不同于"衡范式"的使用方式，所以把它归类于"秤范式"权衡器具之列。二是"杆秤"，杆秤与衡秤的最大区别在于提纽移至衡杆一端的首部，不仅在使用方式上利用不等臂杠杆设计原理，而且在器具结构和器具形态的设计中充分展现不等臂杠杆设计原理。"杆秤"根据不同使用范围又分为中小型杆秤和大型杆秤，中小型杆秤主要用于市肆交易和日常称量的需要，多为几斤至几十斤的杆秤，使用方式以手提式为主。而大型杆秤称量范围近百斤甚至百斤以上的大秤，使用方式以肩扛式或悬吊式为主。三是"戥秤"，戥秤是在日用杆秤发展的基础上，是日用杆秤设计的精细化结果。宋代刘承珪首先研制而成，其实是杆秤的一种形式，由于其称量十分精确，且制作十分精巧，本书把戥秤列为秤范式的一类。从使用方式上戥秤为手提式，是称量中药或贵重金属的专用权衡器具。

从中国传统权衡器具"衡范式"和"秤范式"的设计发展和演变来看，"衡范式"

权衡器与"秤范式"权衡器交相辉映，比肩而进，只是在不同时期分别占有不同的主体地位。在中国权衡器具设计的发展历史中，尽管天平形式是最早的权衡器，而且一直沿用至今，但唐宋以后日用衡器主体是提系杆秤，从日常称量到中药称量领域各种类型的杆秤成为主角。尽管杆秤的使用在唐宋以后日渐普遍，并成为中国传统权衡器具的主体，但天平并没有失去其用武之地，仍然是重要的权衡器具，在精确衡量领域和权衡器具的检校中，天平仍然广泛使用。因此在中国权衡器具的历史演进中，天平没有因为杆秤的普及使用而退出权衡器具的舞台，杆秤也没有因为天平的继续存在而削弱其作为权衡器具主体的地位，"衡范式"权衡器与"秤范式"权衡器在不同的称量领域发挥着共同的实用功能。

第二节
中国传统权衡器具设计的"衡范式"

"衡范式"权衡器具是指以等量衡量为量物方式，以对称平衡为视觉设计形式的天平形式的权衡器具。根据其使用特点和主要结构——砝码形制的不同，"衡范式"权衡器具主要有三种设计类型："环权型"、"锤权型"和"块状权型"。

一、环权型砝码的"衡范式"

"环权型"权衡器具设计主要出现在春秋战国至秦汉时期，器具实物有楚衡、汉钱衡、王莽衡等。

"楚衡"是春秋战国时期最具代表的衡器实物资料，因其大多出土于湖南的楚墓中，故称其为"楚衡"。关于长沙出土的"楚衡"情况参见高至喜的《湖南楚墓中出土的天平与砝马^①》一文^②。其实"楚衡"设计是最简单的杠杆原理应用，其形式为等臂天平，衡杆无刻度，称量物直接依据砝码重量而得。因此楚衡设计的量物方式是等量衡量的方式，即以等量的砝码衡量等量的物体。"楚衡"设计的主体结构为衡杆、环权、吊盘三个部分，其一衡杆，衡杆为扁条形，木质或铜质，衡杆正中穿孔系提纽，两边穿孔系铜盘。如出土于长沙附近左家公山上战国时期楚墓的木衡铜环权（图3-1），这是距今为止考古发掘的最早的天平衡，杆长26.6厘米，木质衡杆，且衡杆不是圆形，而是扁条形，杆正中钻有一孔，孔内穿丝线做提纽，杆两端内侧0.7厘米处，各有一个穿孔，内穿丝线以系铜盘，在功能设计上，衡杆发挥等臂天平的杠杆功能。其二环权，环权是等臂天平的砝码，呈圆环形，绝大多数为铜质，一套权衡器具的环权一般为四至九枚不等，且每枚环权重量以约倍数递增，形成一个系列，称量物体根据物体重量增换不同的砝码，图3-1中铜环权共有九枚，其自身重量分别为：一铢、二铢、三铢、六铢、十二铢、一两、二两、四两、八两，环权重量以约倍数递增（表3-1），根据环权大小，推测这种小型衡器的功能设计是秤量黄金等贵重物品；根据权重，可以看出当时就已使用十六两为一斤的计量方式。其三铜盘，一套完整的楚衡有两个铜盘，铜盘呈深腹的圆盘形，分别以绳线系于衡杆两侧，称量物体时，其使用方式为一侧铜盘放置物品，另一侧铜盘放置砝码，左家公山出土的"楚衡"有铜盘两个，直径4厘米，底略圆，边缘有对称的四个孔，以系丝线，系盘丝线长9厘米。由此衡杆、环权和吊盘共同构成"楚衡"的结构设计系统，利用杠杆原理，实现测重功能的设计，"楚衡"的使用方式是通过天平支架，悬吊衡杆中心的提纽，即等臂天平的支点，两端吊盘分别放置物品和砝码，当衡杆平衡时，砝码的总量就是所称物品的重量。从"楚衡"的设计上讲，它是春秋战国时期环权型砝码形制的天平设计的代表形式。

---

① 此处"马"字疑为"码"，原文有误，下同。
② 我们在湖南长沙、常德、衡阳等地区，清理发掘了将近二千座楚墓，其中一〇一座墓出土了天平和砝马。这些发现为研究东周时期楚国的权衡制提供了重要实物资料。长沙地区的楚墓出土天平、砝马的比较多，在一〇一座中占了八十五座，其余的常德地区九座，衡阳地区六座，株洲地区一座。在一〇一座墓中，出土砝马的有九十九座，各墓所出土的砝马多少不等，最多的十个，最少的一个，总共389个。出土天平的墓有十五座，其中两座出土的天平是完整的，一座只有天平衡杆而无天平铜盘，另外十二座只有天平铜盘（高至喜. 湖南楚墓中出土的天平与砝马. 考古，1972，4：42.）。

图 3-1　长沙左家公山墓"楚衡"

表3-1　长沙左家公山墓出土的楚衡环权数据表①

编号	一铢	二铢	三铢	六铢	十二铢	一两	二两	四两	八两
重量/g	0.60	1.2	2.1	4.6	8.0	15.6	31.3	61.82	125
外径/cm	0.72	0.88	1.03	1.4	1.7	2.36	2.96	3.8	4.95

　　汉钱衡：秦汉时期环权型衡器的代表是"汉钱衡"，与楚衡一样汉代钱衡也是主要用于钱币的测重，1975年湖北省江陵凤凰山168号汉墓出土了汉代"婴家钱衡"［图3-2（a）］②，根据同墓葬的简牍记载，该墓为汉文帝前元十三年即公元前167年，这套"汉钱衡"为竹衡、铜环权形式，衡杆为竹制，杆的正中上侧穿有供悬挂衡杆的小铜环，两端穿孔，孔内插竹钉，吊盘系绳紧固于竹钉上，且在衡杆的正面、背面、侧面分别墨书文字［图3-2（b）］，侧面文字：□黄律，一面文字：正为市阳户人婴家称钱衡，以钱为累，劾曰四朱，两端□，另一面文字：十。敢择轻重衡，及弗用，劾论罚緐，李家十日③。显然通过衡杆的文字，可以获知：①"正为市阳户人婴家称钱衡"释为里正发给住户婴姓人家的专用称钱的衡器。该衡的物主是"婴家

---

① 从表3-1所列环权的尺度和重量来看，环权型的天平衡器的砝码重量较轻，一整套砝码全部的重量只有十六两，合楚制一斤，约250克。可见一斤等于十六两的计量制度在春秋战国时期就已经形成定制，为历代沿袭。由于砝码重量较轻，故而环权的尺寸不大，该套环权的最大直径仅为4.95厘米。

② 黄盛璋.关于江陵凤凰山168号汉墓的几个问题.考古,1977,1：43.

③ 关于江陵凤凰山168号汉墓天平衡杆文字的释读问题.考古,1977,1：40.

称钱衡"，用途为"称钱衡"，"以钱为累"是说以当时的法钱为砝码，累即砝码的意思。② "敢择轻重衡，及弗用，劾论罚徭，李家十日"释为如果发现使用不符合标准的称钱衡器，将被处罚作徭役十日，这是关于当时权衡器具管理的规定①。与竹衡杆同时出土的还有一枚环形铜砝码和101枚四铢半两钱。这些再次证明此衡确为称钱衡。该套钱衡的环权为十六铢，按汉代货币制度四枚四铢半两钱的重量正好是十六铢，因此这套称钱衡的砝码就是这枚重十六铢的环权，是专用与核准四铢半两钱的重量是否标准②。综上所述，汉代钱衡的环权与楚衡的环权形制相同，是楚衡环权型天平设计的延续与发展。

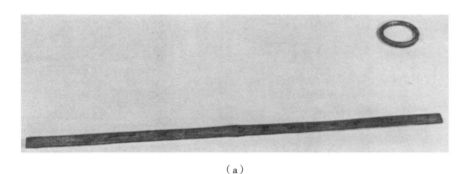

（a）

（b）

图 3-2　汉代"婴家钱衡"和汉代"婴家钱衡"墨书文字

王莽衡：王莽政权期间，推行一系列复古制度，在权衡制度上一改秦汉鼻纽权的形制，而承袭战国时楚国环权形制，权呈扁平环状，外径约为孔径的三倍。1927年在甘肃省定西县秤钩驿出土了一套完整的"王莽衡"（图3-3），包括铜衡杆一支，铜秤钩一个，铜权五枚。铜衡杆长67.74厘米，宽1.6厘米，高3.3厘米，重2442克。合当时莽制十斤。衡杆正中顶部有鼻纽，两端底部有系绳的悬纽，衡杆正中间部位

---

① 晁华山. 西汉称钱天平与砝码. 文物，1977，11：69.
② 杜金娥. 谈西汉称钱衡的砝码. 文物，1982，8：73.

刻有新莽统一度量衡铭文20行81字[1]。同时出土的律石权、铜丈均有与此相同的铭文。铜钩长26厘米，上端有环形孔。另有五枚铜环权分别为：律石权、律二钧权、律九斤权、律六斤权、律三斤权。根据杆钩的大小比例和各权的大小组合来判断，这一套"新莽衡"，虽同时出土于一地，但不是同一套的衡器的组合，这当是王莽政权官方发给地方的标准器[2]。除上述"新莽衡"以外，另见有湖北枝江县1981年出土的五枚一组铜环权，据铭文称为"始建国铜环权"，1973年四川成都天迥乡出土的三枚铜环权，以上均为王莽政权时期的环权[3]。通过上述三例出土的王莽环权型衡器来看，王莽衡与楚衡和汉钱衡虽然同为环权型的设计形态，但是，王莽衡的环权重量远远大于楚衡和汉钱衡的环权重量，王莽衡的环权有大如石权、钧权，也有三斤、九斤等权，由此王莽衡的使用范围与楚衡是不同的，王莽衡应该为大型或中型衡量器具，不是楚衡与汉钱衡的称量货币之功能。这是王莽衡环权增大的原因，也是王莽衡区别于二者的根本差异。

图 3-3　王莽衡

---

[1] "皇帝初祖，德币于虞，虞帝始祖，德币于新。岁在大梁，龙集戊辰，戊辰直定，天命有民。据土德受，正号即真。改正建丑，长寿隆崇。同律度量衡，稽当前人。龙在己巳，岁次实沉。初班天下，万国永遵。子子孙孙，享统亿年。"

[2] 丘光明，丘隆，杨平. 中国科学技术史——度量衡卷. 北京：科学出版社，2001：242-243.

[3] 丘光明. 略谈王莽铜环权. 文物，1982，8：71.

综上所述，从春秋战国至秦汉，环权型权衡器具的设计经过了楚衡到汉钱衡再到王莽衡的发展过程，从三者的关系上看，从楚衡到汉钱衡是环权型衡器的连续发展，而王莽衡由于环权自重猛增，造成其使用范围与楚衡和汉钱衡的区别，所以王莽衡只是砝码的形制仿制环权型，从权衡器具发展和进化的逻辑关系上讲，王莽衡是环权型权衡器具的特殊情况，它的出现只是王莽政权推行复古制度在权衡器上的表现而已，并不是环权型权衡器具在东汉进一步的设计发展，而是对环权型砝码形制的复古与仿制。因此环权型的权衡器具设计是春秋战国至秦汉之际货币称量制度的需要，之后随着货币制度的健全，称量货币越来越少，并且禁止民间私铸货币，这种小型的钱衡就渐渐退出权衡器具的主流领域。尤其在东汉以后伴随杆秤的出现，中国传统权衡器具的设计进化逐渐沿着杆秤的方向不断发展，小型的天平设计的环权形式在汉代之后就渐渐消失了，虽然环权的形式在此后不再出现，但小型的天平设计形式并没有失去用武之地，称量黄金等贵重金属和货币中仍然使用，只是砝码的形制发生了变化。具体将在"块状型"砝码衡器中详细阐述。

二、锤权型砝码的"衡范式"

锤权型衡器主要是战国至秦汉时的日用衡量器具。与环权型权衡器具比较，锤权型权衡器是以锤权为砝码的天平衡器。其中以"秦权"为代表，如秦代的"高奴石权"（图3-4），高17.2厘米，底径23.6厘米，鼻纽，锤权形制，该权于1964年西安阿房宫遗址出土，器形为半圆形鼻纽权，权体布满不同时期的铭文，一面为铸造时的铭文："三年，漆工巸，丞诎造，工隶臣牟，禾石，高奴。"铭文中"三年"记载了制造的时间；"漆工巸"为监造者；"丞诎造"为主造者，即设计者；"工隶臣牟"为实际铸造者；"高奴"是地

图3-4　秦高奴禾石权

名，在今陕西延川县[①]。在一个铜权上明确铸刻监造、设计、制造时间，由此可见，秦国权衡其设计和制造的规范化管理。该权的另一面为后来加刻的秦始皇和秦二世元年诏书，说明此权为秦国制造一直使用至秦代。汉承秦制，汉权是汉代日用衡器的形式，虽然有王莽改制复古权衡制度，改用环权型的天平衡制。但汉代的主要衡器形式还是锤权型。虽然圆环与锤权同是天平的砝码，二者从形态到使用方式却有很大差异：其一，形态上，一个是圆环形式；另一个是秤锤形式；其二，使用方式上，称量时环权平置于吊盘中，而大型砝码锤权需悬吊衡杆的一端。因此锤权型砝码的自重可以很小也可以很大，量程较大。

图3-5 侯兴铜权

战国"秦权"以秦国为代表（包括赵、齐等国）的铜权，秦国在"商鞅变法"后，至秦代度量衡制度得以统一，权衡器走向规范设计。除秦国外，其他赵、齐等国的权，如"侯兴铜权"（图3-5）、齐国的"右伯君铜权"和"都铜权"，这些权形制类似，皆为圆形或半圆形、平底鼻纽权，且除大型石铜权、半石铜权有自铭重量外，小型铜权无自铭重量。"秦权"成熟于秦代，秦代的权在继承战国鼻纽权的设计形式上，使用和新铸权形更加标准和规范。如陕西宝鸡出土的"两诏铜权"（图3-6），形制为圆体、平底、鼻纽，与战国"秦权"比较，出现权体空腹设计，底面有直径5.5cm的圆孔，用铅封住，这一新的设计点有两个功能：其一，秦代的权因为要刻两份诏书，需要权表面积较大，而当权重较小时，空腹设计可以增加权表面积，以满足刻诏书的需要。其二，秦代的权在使用和新铸权形更加标准

---

① 陕西省博物馆. 西安市西郊高窑村出土秦高奴铜石权. 文物，1964，9：42.

和精确，底部的空腹设计可以用于校准权时增添重量，使用时更加精确。秦代的权设计不仅更加标准和规范，而且出现新的设计形式，权体新见棱形，有六棱体、八棱体、瓜棱形，鼻纽除了根据权形大小而除有大纽、中纽、小纽之外，还出现了横梁纽。如南京博物院藏"大騩铜权"（图3-7），呈八角棱体，腹空，提纽为横梁形，横梁纽左右篆书"大騩"二字，"大騩"是地名，高5.9厘米，面径8.6厘米，底径9.9厘米，重2300克，为九斤权。权身刻秦始皇与秦二世诏书，诏书各占四个棱面。如"美阳"秦权，高7.1厘米。底径5.6厘米，重240克，合秦制一斤，为一斤权。器形呈钟形，鼻纽两侧刻"美阳"二字，棱间刻秦始皇诏和秦二世诏。再如陕西临潼秦始皇陵出土的"两诏铜权"，权体也呈棱形，方肩，鼻纽，高7.2厘米，底径5.4厘米，重247.5克，为一斤权。由半球体圆肩鼻纽的形制向棱体方肩鼻纽的变化，使得秦代权的形态设计更加富于变化多样，器具形态的改变一般源于制作或使用功能的变化，秦代新铸权都要刻上诏书，球体的曲面不利于刻写，而棱体的平面方便刻写，所以出现棱体权的设计。秦代的权在材质上以铜为主，但也有大量铁权和少量陶权。根据《中国科学技术史——度量衡卷》

图3-6　两诏铜权

图3-7　大騩铜权

书中统计的秦代"秦权"有59枚，其中一至二十斤的日用衡的锤权有38枚，并多为一斤、五斤、八斤、九斤、十斤、十六斤的量值，从量值上看应为配套使用。同时在统计的秦代"秦权"59枚中，铜权36枚，铁权19枚，陶权4枚[1]，且铜权多为1斤至十六斤之间的中小型权，而铁质权则多为120斤的大型石权。显然设计上，根据不同的权型选择不同的材料，当时铜比铁贵重，且铜不易生锈，中小型权用料较少，且要求精确度高，故而选择铜材，而大型石权用料较多，称量大宗货物，精确度不需很高，故而选择铁材。秦代的"秦权"在材料选择上，显示出较强的设计观念。

"秦权"是锤权型衡器的代表，秦权的砝码形制就是锤权形。从现有的出土和文献资料上看，此类锤权多是以铜权形式出现，而未见相关配套的衡杆，因此关于锤权的衡杆设计形式是等臂衡杆还是不等臂秤杆？是天平还是杆秤？关于这时期的锤权是"衡范式"设计的砝码还是"秤范式"设计的秤砣，目前还没有具体的出土实物资料，人们只是根据铜权的形态来推测其使用方式，对此理论界观点不统一。《秦权研究》文中"对于秦权如何使用这个问题，历来有两种不同意见，一种认为秦权相当于后世的秤锤，另一种认为秦权是衡（天平）上使用的砝码，……以这些区别对照秦权使用特点，可知秦权确实是砝码。"[2]可见吴鸿认为秦权的使用方式是砝码，即"秦权"范式的设计形式是天平。另外商承祚《秦权使用与辨伪》一文中也认为秦权与楚衡中的环权一样是天平上的砝码[3]，而张勋燎《杆秤的发展起源和秦权的使用法》一文中认为秦权是杆秤上的秤锤[4]。以上诸家观点根据实物与文献的资料，结合"楚衡"的形式，大多将锤权归入"衡"范式的砝码之列。本书认为战国秦汉的锤权是衡式天平的另一种砝码形式，理由有二：其一，秦权尽管多为单独出土，很少像环权那样成套出土，但是秦权的量值都较大，根据量值判断，如石权、钧权等只可能单独使用的砝码，而不需要成套使用。故而秦权为单独使用的天平衡器的锤权型砝码。其二，虽然秦权的使用衡杆，目前还没有出土实物相证，但从王莽衡的铜衡杆和战国"王衡'的铜衡杆设计，均能证明承载大型石权、钧权的大型衡杆也

① 丘光明，丘隆，杨平. 中国科学技术史——度量衡卷. 北京：科学出版社，2001：186—187.

② 巫鸿. 秦权研究. 故宫博物院院刊，1979，4：40.

③ 商承祚. 秦权使用与辨伪. 中国古代度量衡论文集. 郑州：中州古籍出版社，1990：20.

④ 张勋燎. 杆秤的发展起源和秦权的使用法. 四川大学学报，1977，3：65.

是有的，秦权所使用的衡杆可能就是类似上述的铜衡杆。

及至汉代，汉承秦制，"汉权"是"秦权"的继续，不仅形制一如秦权的鼻纽锤权，而且量值也沿用秦代度量衡的制度一斤约合250克。如"武库铜权"（图3-8），鼻纽，权身分两行刻："武库一斤"四字铭文。"武库"为汉代掌管兵器的官署，"武库铜权"应是专供武库署使用的官方权衡器。东汉时期，锤权形制与量值变

图3-8　西汉武库铜权

化不大，但东汉出土了几只铁权与秤钩的实物痕迹，可以看出东汉是"衡范式"权衡器向"秤范式"发展的重要时期，锤权逐渐成为日后杆秤的秤砣。秦汉锤权大量出土存世，由于一直未见与之配套衡杆实物资料，锤权与衡杆的连接方式如何？根据锤权的使用方式，我们可以推测衡杆的设计形式，锤权形制的最大特征在于其锤形的外部形态，上部小下部大，另加顶部的鼻纽，这些总体特征决定了锤权悬挂使用的方式，即锤权与衡杆连接的方式是通过锤权鼻纽系绳，直接悬挂与衡杆之上。

唐宋时期，杆秤设计日渐成熟，日常测重使用秤范式的权衡器具越来越普遍，杆秤逐渐取代天平的主体地位，但"衡范式"权衡器具仍然在使用中。如唐代壁画还可见"衡范式"权衡器具的使用。宋代民间使用的大型锤权也有一例，这就是山西垣曲县"店下样石权"①，"店下样石权"基本为锤权形制，上部为方形圆孔，孔两侧刻缠枝牡丹团花纹样，下部为八棱形，八个平面上镌刻38行共293字的铭文，其下刻饰一周缠枝蔓草莲花纹。通高47.5厘米，最大对角直径48厘米，重达140公斤。"店下样石权"中"石权"绝不是秦汉"石权"之意，秦汉"石权"中"石"是重量单位，一石等于120斤。"店下样石权"重140公斤，按照宋代衡制一斤相当于640克左右，此石权为宋斤220斤，根据考证220斤为宋代盐秤大席的单位，即一大席等于

---

① 王泽庆，吕辑书．垣曲县店下样简述．文物，1986，1：78．

220斤，所以"店下样石权"为称盐席秤的"一大席"计量，因此此处"石权"是指其质地为石质，而不是秦汉权中的"一石"重量之意[①]。根据铭文这枚石权是民间盐商约定制作的民间流通的权衡器，而且根据该权的自重宋斤220斤，可推断这枚石权使用方式应是巨型天平"货衡"上的砝码，绝不会是秤砣。直至明清此类大型锤权还在广泛使用，如清代《两淮盐法志》中的大型天平"货衡"（图2-16）。

三、块状权型砝码的"衡范式"

"衡范式"权衡器具设计经战国至秦汉，从"楚衡"到"秦权"已发展得相当完备，此后历经千年其主体结构稳定。宋元至明清时期，只是砝码的形制稍有变化，这一时期砝码多以"块状权型"为主，如银铤形、鼓形、方柱形等（图3-9）。纵观块状权衡器具砝码形制的出现，源于衡范式权衡器具在包装、储运方面的设计变化。由于天平使用时需要天平支架悬吊衡杆，故而在天平支架的基础上增加了箱式底座。使得砝码、吊盘、衡杆在闲置不用时，有专门存储的空间，正是由于存储空间的规则性，要求砝码形状必须规则，在这种情况下，砝码形制出现以规则的块状形为主的砝码形制。如明代王圻撰《三才图会》中的天平（图3-10），该权衡器主体分做

两部分，一是天平衡架，二是衡杆、砝码、吊盘组成的天平衡器。根据《三才图会》中记载："昔黄帝因黄锺之律而造权，此其始也。其制以铜为梁，又有两铜盘以铜索悬于梁之两端，梁之中间上下各有铜笋相对，则轻重各等，不然则互有所欹矣。"[②]天平衡架是由两竖一横的三根木杆支成方形支架，天平衡器的衡杆悬于支架下方，支架的底座为抽屉式长方体，抽屉上锁并置环形拉手，显然抽屉为

图3-9　金代鼓形权

---

① 郭正忠. 关于宋代"垣曲县店下样"的几点考释. 文物. 1987，9：37.
② 王圻. 三才图会. 四库全书：子部190-192. 济南：齐鲁书社，1995.

放置砝码之用。根据《三才图会》中所绘天平的支架和支架箱座连为一体，支架既能悬吊天平衡杆，又是箱座的提手。长方形箱座就是天平砝码和吊盘等的存储空间。块状形权的衡范式器具在包装、储运方面的设计更加系列化、整体化。

块状形权衡器具除了砝码的块状形变化以外，衡杆设计也有变化，如明代的天平衡器衡杆呈拱肩形式，吊盘线增至四根，这是小型天平衡器在明代的设计变化。至清代宫廷之用的小型"钱衡"更加考究，显示了器具设计在结构稳定、样式成熟之后的装饰化倾向。如清代天平（图3-11）与明代《三才图会》中所绘天平式样相似，只是此衡器细部设计更加考究，制作更加精良。同样天平衡器主体由衡架与衡器两部分组成。铜衡杆中部方形，两臂圆锥体，锥两端置扁平的圆吊耳，支点设置在衡杆中央，砝码为铜方柱体，衡架为一根铁立杆和木箱底座。从木箱的体量来看，砝码、吊盘、衡杆均可放置于木箱中。

除上述所列各类砝码外，在实际使用中需要区分两类不同的砝码：一类是实际称量中使用的实用砝码，实用砝码是配备在特定衡架上的专用称量砝码；另一类是标准器，标准器不在实际称量

图3-10　明代天平

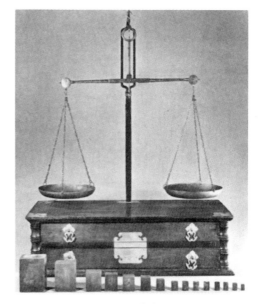

图3-11　清代天平

中使用，而只是作为校正权衡器具的标准器。如清代鼓型砝码："伍拾两铜砝码"、"伍百两铜砝码"，其中"伍百两铜砝码"正面铭文"工部制造伍佰两正法码，会同户部

较准颁发。"根据铭文可知这是清朝政府设户部专管度量衡，工部专管制造标准器，由此这枚砝码是由户部和工部共同颁发的标准器，而不是实用器。因此块状形权衡器多是检校杆秤秤砣标准之用，当为标准器。

综上三类"衡范式"的权衡器具，环权型权衡器主要是专用称量货币的小型钱衡，而锤权型权衡器主要为日常物品称量的大中型日用衡。在杆秤普及使用之前的春秋战国至秦汉，"衡范式"权衡器一直是权衡器具的主体形式，环权型与锤权型配合使用，分别担当不同领域的称量需要。魏晋之后随着杆秤使用的日益普及，"秤范式"权衡器成为传统权衡器具的主体形式，"衡范式"权衡器主要成为检验传统权衡器具的标准器，这就是唐宋直至明清块状型衡器的主要功用。因此"衡范式"权衡器的三种类型中环权型、锤权型是同时并存于春秋至秦汉时期，并具有不同效用维度的权衡器具，而块状型则是锤权型砝码转变为秤砣之后，"衡范式"权衡器进一步发展的砝码形制。

第三节

中国传统权衡器具设计的"秤范式"

"秤范式"权衡器具是指根据不等臂杠杆原理设计和使用的权衡器具。从"秤范式"权衡器具的发展演变上看，"秤范式"权衡器具是在"衡范式"权衡器具的基础上发展而来。根据其使用特点的不同，"秤范式"权衡器具主要分为三种类型：一是"衡秤"，以出土的两件"战国王衡"为代表。衡秤的提纽虽然仍在杆的中间，但由于增加了刻度而改变了其使用方式，成为区别于"衡范式"的主要标志。它是权衡器具由天平衡器向杆秤过渡的设计形式。二是"杆秤"，杆秤与衡秤的最大区别在于

提纽移至衡杆一端的首部，不仅在使用方式上利用不等臂杠杆设计原理，而且在器
具结构和器具形态的设计中充分展现不等臂杠杆设计原理。三是"戥秤"，戥秤是在
日用杆秤发展的基础上精细化的结果。宋代刘承珪首先研制而成，是称量中药或贵
重金属的专用权衡器具。

一、从衡到秤的过渡设计"衡秤"

"衡秤"作为"秤范式"的一种类型，其设计特征在于衡杆上增加了刻度，"衡
秤"是考古学界对战国出现的两件"王衡"的称谓。刘东瑞在《谈战国时期的不等
臂秤"王"铜衡》一文中首次提出："在公元前四世纪前后的战国时期，我国人民从
等臂天平的使用进一步了解到不等臂衡秤的作用，依靠算筹的乘除运算，求得称重
结果，也是实际可能的。"①后来丘光明在《我国古代权衡器简论》一文中沿用"衡
秤"的概念。中国历史博物馆所藏的两件"衡秤"的衡杆（图3-12），衡杆铜质，
呈扁平状长方体，其中一衡重97.6克，长23.15厘米，臂高1.3厘米，厚0.35厘米，
另一衡重93.2克，长23.1厘米，臂高1.22厘米，厚0.35厘米，为区分起见，根据重
量暂且将重97.6克的定为衡A，将重93.2克的定为衡B，从以上数字上看，这两件

图3-12　战国衡秤

---

① 刘东瑞. 谈战国时期的不等臂秤"王衡". 文物，1979，4.

"衡秤"的衡杆造型和轻重大小与"楚衡"的衡杆基本相同,所不同的是这两件衡杆上都有简单平分的刻度,衡A的衡杆正面有十等分刻度线,除中间的一格刻度外,其余每一等份加刻二分之一等分线,根据衡长23厘米左右,按照战国度量衡单位制度,相当于当时的一尺长,那么每一刻度长为一寸,二分之一刻度为半寸,该衡杆正中有鼻纽,鼻纽外缘高2.15厘米,纽孔径0.38厘米,纽下衡杆背面刻有"王"字,衡B与衡A一样为十等分刻度,不同的是衡B每一等份没有加刻二分之一等分线,衡杆背面也刻有"王"字。这两件衡杆,因为背面都有铭文"王"字,所以又称"王衡"。

单就衡杆结构设计而论,"王衡"与"楚衡"非常接近,为何把"王衡"归为"秤范式"而不是"衡范式",其原因在于"王衡"使用方式与楚衡完全不同,不同之处在于"王衡"衡杆上的刻度。在天平向杆秤演化的过程中,不是一蹴而就,而是有一个逐渐过渡演变的过程,"衡秤"就是这一过程中出现的过渡形式,因其作为过渡性的权衡器具,所以在权衡器具的历史上只是短暂的出现,但是它在权衡器具进化过程中却有着举足轻重的作用,这是衡上有刻度的实物证明,尽管衡秤仍然是等臂形式的杠杆,但是由于衡杆上刻有等分的刻度,在使用中利用不等臂的原理,按照刻度移动秤权,所测重量需要根据刻度和秤权的实际重量的比例来计算,所以秤权已经不完全是天平的砝码,而具有秤砣的初期形式,它是向杆秤设计演化的重要器形,"衡秤"的设计形式说明,人们懂得利用不等臂原理测重,但还没有掌握利用这一原理创制器具,还是"衡范式"权衡器具的样式,但实用功能已经发生质的改变。就像最早的火车设计得像马车一样,但不管多像,它实质已经是火车。从实践经验到设计创造能力需要一个发展过程,所以"王衡"就是"秤范式"的一种过渡类型。

由于这两件铜衡为传世品,而非出土物,所以关于这两件"衡秤"的年代和出处问题,是研究此衡秤的关键。刘东瑞先生认为是战国楚器,理由是"1965年湖北江陵望山一号战国楚墓中出土一件铜篾刀,上刻一'王'字,1957年安徽淮安市出土一件战国楚铜量,器壁刻'王'字和其他文字,近似这两件铜衡上的刻文。江陵和临近淮安的寿县先后为楚国都城,所处"王"字铜器多为楚宫廷遗物,因此,这两件铜衡应为战国楚器。"① 刘东瑞先生的判断理由是其他器物上有类似的刻文

---

① 刘东瑞. 谈战国时期的不等臂秤"王衡". 文物, 1979, 4.

"王"，然后依其他器物而定其年代，仅根据一个类似的字体，就将此衡器定为战国楚器，未免有些牵强，关于这两件器物的年代和出处，就这样成了"定论"。此后在丘光明的《我国古代权衡器简论》一文和文物出版社出版的《中国古代度量衡图集》一书均采用刘东瑞的结论。

　　这两件"王衡"衡秤是战国时期关键的权衡器具，草率地称其为楚国器，不能令人信服，因此关于这两件权衡器，提出以下商榷意见：其一，如果是战国楚器，那么它使用的砝码，是不是"楚衡"的环权砝码？如果是"楚衡"的环权砝码，它没有吊盘，不便使用环权，因此使用"楚衡"的环权的可能性不大。如果不是"楚衡"的环权砝码，它是用什么砝码？最大的可能是使用"秦权"做砝码，因为秦权的使用方式是直接系绳悬挂于衡杆之上，而"王衡"的衡杆两端没有孔隙，应当是砝码直接悬挂于杆身，而战国时期直接悬挂的锤权就只有秦权了，所以"王衡"衡秤最大的可能是与类似秦权的锤权配套使用的权衡器具。其二，战国时期刻有"王"字的青铜器很多，据中华书局出版的《金文编》一书中"王"共列出"王"字铭文80条，每一字均注明出自具体的青铜彝器，根据"王衡"上所刻"王"字 [图3-13（a）、图3-13（b）]，与《金文编》一书中所列80条"王"字对比，其中与"王衡"上所

（a）

（b）

图3-13　王衡上的"王"字

刻"王"字相似者12条[①]，这12件青铜彝器，分布既有北方青铜器也有南方青铜器，不能就此断定"王衡"是楚国权衡器具，也可能是楚国之外的北方中原地区，这样一来，"王衡"衡秤就可能是与秦权类似的锤权配套使用的权衡器具。其三，"王衡"衡秤上有标准的十等分刻度和十等分的半分刻度，这种等分刻度的设计源于尺度器具，如目前最早的尺是商代牙尺（图3-14），尺面刻十寸，每寸刻十分，另外战国的铜尺（图3-15）不仅有刻度，而且在五寸处刻有交午线，尺度器具早于权衡器具，所以权衡器具上的刻度设计源于尺度上的刻度，而目前所发现及存世的商代尺及战国尺均出自河南中原一带，从这一点上看，"王衡"作为衡器上首先出现刻度的权衡器，不能仅就"王"字判断它属于楚国，它也可能属于中原地区一带，因为北方中原诸国广为使用的锤权至今没有发现衡杆，也许"王衡"之前没有刻度的铜衡杆就是与锤权配套的衡杆，在锤权衡杆的基础上增加了刻度，就是衡秤的衡杆。

图3-14　商代牙尺

图3-15　战国铜尺

另外，关于"王衡"的刻度问题，提出以下商榷意见：其一，既然认为"王衡"上刻度线为秤上刻度，那为什么杆秤却在其后的东汉末才出现？刻度的出现首先见于等臂的衡杆上，它的进一步发展就是不等臂秤杆的秤星。"不过，尚有一点令人百思不得其解：战国时代已具备试作杆秤的思想与实践条件，何以真正的杆秤，还需等到四五百年之后才问世行用呢？有人解释说，秦汉已有杆秤，但其论据，似乎

---

① 荣庚. 金文编：卷一. 北京：中华书局，1985：18.

还有待进一步充实。"[①]显然杆秤刻度的萌芽在战国晚期，而杆秤的创行在东汉晚期，这之间有相当长的时间差距，似乎不合事物发展的逻辑。其二，从器具使用方式上解释也是自相矛盾，杆秤上的刻度线是通过"游砣"来实现其认读刻度的功能，既然认为"王衡"刻度线为秤上刻度，那么使用中必有"游砣"，而此时的"游砣"还未产生，战国无论环权，还是锤权都还只是砝码。所以从器具使用方式上解释，"王衡"刻度线为秤上刻度也是有些矛盾的。

基于以上两点的分析，提出"王衡"衡杆刻度既是尺度刻度也是衡秤杆刻度的推测，"王衡"是尺度器具与权衡器具的复合器具。其理由如下：其一，从"王衡"衡杆的设计规格上看，就是一把尺的型号大小。其中一衡重97.6克，长23.15厘米，臂高1.3厘米，厚0.35厘米，另一衡重93.2克，长23.1厘米，臂高1.22厘米，厚0.35厘米，我们把战国时期的一把尺与这两杆"王衡"比较，如战国铜尺（图3-15）长23.1厘米，宽1.7厘米，厚0.4厘米，正面一侧刻十个"寸"的刻度，第一寸处刻十一格，五寸处有交午线，一段有孔。再如西汉木尺（图3-16）长23厘米，宽1.2厘米，厚0.2厘米，正面刻十个"寸"的刻度，未刻分，正中有十字交午线，一端有孔。显然"王衡"的衡杆尺寸设计规格是按照当时一把尺的大小规格来设计，所以据此推断"王衡"衡杆兼具尺的功能，"王衡"衡杆上的刻度就是尺的刻度。其二，根据"王衡"的刻度中间的"尖端向下夹角60°的交午线"判断，"王衡"的刻度也是为尺的刻度，因为交午线最初是天文仪器"圭表"上的刻度，"交午"是指表杆在日中的位置，以确定南北方向，交午线应用在"尺"的设计上，表示一尺的五寸处，即一半的位置，如战国铜尺和西汉木尺均有交午线。所以根据"王衡"的刻度的交午线判断，它的刻度既是尺的刻度，也是衡秤的刻度，"王衡"衡杆既是天平衡杆，同时也是一把铜尺，是权衡器具与尺度器具的复合器具，也就是说它是一件多功能器具，类似于今天的多功能产品设计形式。

图3-16 西汉木尺

① 郭正忠. 三至四十世纪的中国权衡度量. 北京：中国社会科学出版社，1993：28.

　　但是多功能不是主功能的合并，多功能是主要功能实现的前提下，兼具其他功能。对于"王衡"来讲，它的主要功能仍是衡杆功能，在实现其权衡器具功能的前提下，不影响主要功能发挥的条件下，增加设计了其他功能。在衡杆的衡面上刻画尺刻度，增加了度量长度的功能。"王衡"的设计体现了权衡器具中的多功能设计原则。由此我们可以推论"王衡"的刻度最初是借鉴了尺度上的刻度，当时随着使用经验的积累，尺度的刻度逐渐转化为杆秤的刻度形式。

　　既然我们认为"王衡"是按照不等臂原理使用的"衡秤"。那么在文献记载中我们也能找到与此相关的记载。如《墨子》中关于杠杆原理的内容："衡加重于其一旁，必捶（垂），权重相若也相衡。则本短标长，两加焉，重相若，则标必下，标得权也。"①这是中国关于不等臂杠杆应用的最早记录。按照托马斯·库恩常规科学的应用理论，"一个新理论总是与它在自然现象的某种具体范围的应用一道被宣告的；没有应用，理论甚至不可能被接受。在理论被接受以后，这些应用或其他应用就会伴随理论写入教科书。"②也就是说在春秋战国权衡器具就已经应用不等臂的力学科学原理设计权衡器具了。有人据此提出墨子的不等臂杠杆原理提出较早，而真正的应用即杆秤的发明和使用却迟至东汉以后，其实这种观点是值得商榷的，因为持这一观点的人误解了墨子所陈述的杠杆原理应用"器具实物"，其实墨子并不是讲得杆秤，而是"衡秤"，我们把墨子的原文逐句分析便知，整个这段话分为两个完整的意思，第一句讲的是等臂天平的力学原理："衡加重于其一旁，必捶（垂），权重相若也相衡。"意思是在等臂的天平衡杆上，如果加重衡杆任何一边的重量，衡杆就失去平衡，必然倾斜（垂）。第二句讲的是不等臂杠杆的力学原理："则本短标长，两加焉，重相若，则标必下，标得权也。"意思为在等臂天平的基础上，当本短标长时，即物体向衡杆中心的支点移动，"两加焉，重相若"就是指两倍物体的重量相加，权与物重才相等，根据杠杆原理，可以断定物体向衡杆中心的支点移动了"本杆"一半的距离，这就是指四分衡杆的"衡秤"，"则标必下，标得权也。"否则衡杆的"标杆"一端必然下垂，衡杆失去平衡。根据以上分析，墨子所记载的不等臂原理中的权衡器具指的是"衡秤"而不是"杆秤"。

①　孙诒让撰．新编诸子集成·墨子闲诂．孙启治点校．北京：中华书局，2001：36．
②　托马斯·库恩．科学革命的结构．金吾伦，胡刘和译．北京：北京大学出版社，2003：43．

另外，在出土实物中，也可与墨子的这段记载相互印证，如"王衡"的设计特征：提纽位于衡杆中间，杆上有平分衡杆的刻度，衡杆两端没有系绳固定悬挂的孔隙，说明称量时物体与砝码需要根据刻度前后一定移动。"王衡"正是墨子记载中的"衡秤"实物。

"衡秤"虽然作为"秤范式"的一种类型而存在，但至今关于此类权衡器具的出土仅见上述"战国王衡"。由此可见在中国传统权衡器具的发展历史中，衡秤并未普遍使用，没有普遍使用的原因在于使用方式上的不便，衡秤的使用需要根据所在刻度的具体位置和秤砣或砝码的实际重量，加以计算才能得出具体重量。使用方式的繁复和不便是阻碍器具普及的最主要原因，也是推动器具改进设计的最大动力。正是衡秤不合理的使用方式，推动新的类型权衡器具——杆秤的设计和创制。

二、提系杆秤是成熟的"秤范式"设计形式

在衡秤设计和制作的基础上，"杆秤"设计应运而生。杆秤设计与衡秤比较而言，最大的改进设计在于把单纯的刻度，改为有标识重量的秤星，把衡秤使用中的计算过程，完成于制作杆秤的工艺中，由此使用中不必经过计算，可以直接读出所测物体重量。成熟的器具形制并不是经过哪位工匠艺人或设计家一蹴而就，任何器具设计都有一个不断完善的设计改进过程。中国传统权衡器具的设计也是这样，从杆秤设计的发展上看，先是最早的权衡器具形式——天平，在天平衡器设计的基础上，才有改进设计的衡秤，衡秤的最大改进在于扩大了砝码的称量范围，使用重量较轻的砝码可以称量较重的物体，由此砝码向秤砣转变；而杆秤又是在衡秤的基础上，改进了衡杆的刻度设计；从而中国传统权衡器具的主体形式——杆秤设计逐渐得到完善。日用杆秤根据称量范围分为中型杆秤和大型杆秤；称量范围从一斤至十几斤之间的为中型杆秤，这类杆秤在日常使用最为普遍，主要为市肆用秤、谷茶用秤。称量范围从几十斤至百斤以上的杆秤为大型杆秤，主要用于盐茶、谷物、粮草的批量称量。使用方式一般将秤杆挂于秤架之上或双人肩扛式。

（一）中型杆秤

中型杆秤为市肆及日常杂用秤，一般称量范围在一斤至十几斤左右。中国传统的经济类型为自给自足的小农经济，市肆交易多为小商小贩的小商品流通模式，市

场商品贸易中主要是鱼肉、蔬菜、杂果的称量，所以一斤至十几斤的中小型秤非常适合市场交易使用。谷茶用秤一般称量范围为几十斤至上百斤，用于谷物、盐、茶等的日用称量，日用秤称量的物品一般不是很重，所以均为提系式杆秤，承托物品的方式有盘式和钩式两种形式，也称"盘秤"和"钩秤"。

有关日用秤使用较早的图像资料应当是南朝"执秤图"（图2-3），根据临摹图中的杆秤形制，圆衡杆，前粗后细，一端系绳挂承物吊盘，另一端锤砣，图中显示执秤人所提的提纽位于秤杆的中间偏右的位置，除执秤人所执提纽外，右边还有两个类似提纽的系绳，所以有的学者据此判断该秤为三提纽的杆秤。"杆秤发明早于南北朝的另一旁证，是南朝张僧繇所绘'执秤图'，该图中氐宿所执之秤，已属较为成熟的三毫纽杆秤。"[1]但是这幅图是临摹图，不能排除后人根据当时的杆秤形式临摹而成，所以不能断定这就是南朝的三系杆秤。另外北魏敦煌壁画中"称鸽杆秤图"

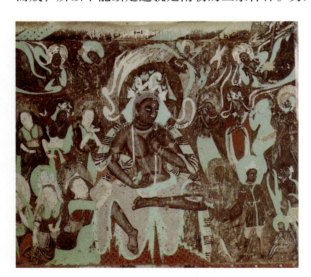

图3-17　北魏称鸽杆秤图

（图3-17），这幅壁画原意为尸毗王本生图[2]，绘一胡人执秤称鸽，胡人头戴尖顶毡帽，身穿对襟中长褂，腰系链带，脚穿及膝长靴。一身胡人服饰打扮。图中所示杆秤不太清晰，根据临摹图中杆秤的衡杆很长，提纽位于接近衡杆中部的位置，一边挂吊盘，盘内承物，另一边挂锤砣，图中所显示的杆秤设计非常简单。

元代壁画中的"卖鱼图"

---

① 郭正忠. 三至四十世纪的中国权衡度量. 北京：中国社会科学出版社，1993：31.

② 尸毗王本生图是敦煌壁画中的典型题材，在敦煌历代的壁画中都有此故事的题材壁画，原文故事见《大藏经》第三卷，讲的是尸毗王看到一只老鹰追吃一只鸽子，为救鸽子，尸毗王割自己的肉给鹰吃，鹰要求割下的肉要与鸽子一样重，所以尸毗王就命人用秤称量鸽子和自己的肉，所以图中就有"称鸽"一图，就有上述杆秤的图像资料，关于《尸毗王本生图》在敦煌壁画中一共有五幅，分别是：北凉敦煌壁画275窟、北魏敦煌壁画254窟、隋代敦煌壁画302窟、五代敦煌壁画108窟、72窟。

（图3-18）中的杆秤与前两幅原图比较，这幅原图中杆秤相当清晰，该杆秤的衡杆为圆杆，且两端尖，由两端向中间逐渐加粗，在衡杆约四分之一处设系绳的悬物秤钩，紧挨秤钩的是三个提纽，衡杆五分之三处系挂一只相当标准的秤砣，从形制上看，是典型的宋元时期秤砣，杆秤设计相当精细。称鱼者为一官人模样，右手提秤，左手执砣，一旁是一位鱼贩在看秤，整幅图洋溢着市场交易的生活气息，是杆秤在元代普及使用的生动写照。但是这幅"卖鱼图"的杆秤使用情况，令人费解，本来鱼贩是卖鱼人，执秤的人也应是鱼贩，但图

图3-18　元代壁画卖鱼图

中执秤人却是一官人模样，鱼贩谦卑地站立一旁，似乎等待官人的评判。根据"卖鱼图"场景的仔细分析，以上疑惑似乎说明：杆秤并不是属于鱼贩，一种情况可能鱼贩在借别人的秤使用，另一种情况可能官人模样的人是类似"市场监督员"的官员，是宋代称为"秤子"的司秤小官。他在监督市场衡器的称量是否准确。如果是后一种情况，说明元代的权衡器具杆秤不仅普及使用，而且对权衡器具设计使用的市场管理已经相当完善。

从以上魏晋南北朝至元代的三幅图像资料中的杆秤设计形式，我们可以看出南北朝的杆秤还是相当初级，南朝执秤图和北魏称鸽杆秤图中的杆秤共同之处是，两图中所示执秤的提纽均在接近衡杆中部的位置，也就是悬挂所称物体的重点与提纽的支点距离很大，这是初级杆秤形式的标志结构，这说明此时衡杆的刻度非常粗略，杆秤还没有细分刻度。即使是有三毫纽的《南朝执秤图》（临摹本），其三纽间距离很大，而且，三纽与吊物的秤钩间的距离更像是平分，更何况上述两图均为临

摹图，不能排除临摹人根据后世用秤的经验绘成，所以以上两图中的杆秤只能暂作参考，不能说《南朝执秤图》（临摹本）中的秤就是"成熟的三毫纽杆秤"，真正成熟的三毫纽杆秤乃是元代壁画中的"卖鱼图"中的杆秤，这付杆秤显著的特征就是三个提纽之间的距离、提纽与秤钩间的距离缩小，这表明杆秤上的斤两刻度越来越精细（参见本书第35、第36关于杆称设计原理的分析），这是日用杆秤设计成熟的标志。况且南北朝的两幅图中杆秤皆是用于宗教信仰的宣传教化，而不是现实经济生活的实际使用，而元代"卖鱼图"是用于日常商品交易的现实生活，在宋代刘承珪试制"戥秤"技术成熟的基础上，元代日用杆秤在日常经济生活中普及使用成为可能。另外从大量出土的元代秤砣中，也能看出元代日用杆秤的普及情况可见一斑。"日用秤"的实物资料以元代的秤砣为最典型，在历代出土的权衡器具实物中，以元代秤砣最多。根据统计资料显示，元代秤砣走向定量秤、定量砣的设计方向，如很多秤砣的铭文刻写："半斤锤，三十五斤秤""二十五斤秤"（见附录一）。

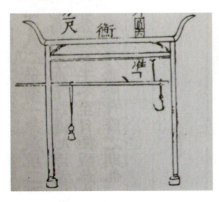

图 3-19　明代杆秤

明代《三才图会》中的"明代杆秤"（图3-19）设计相当完善，直至今天这样的杆秤还在街边小型贸易市场上广为使用，该秤悬置于木架之上，秤杆前粗后细，一端两提纽，两纽之间有准星，头部有称物的铁秤钩，尾部挂秤砣，图中所示杆秤的结构设计完整，准星、提纽、秤钩和秤砣显示着成熟的杆秤设计形式。

（二）大型杆秤

大型杆秤又称"货秤"，较早的"货秤"图像资料见于宋代《政和证类本草·解盐图》中有一付称盐的大秤（图3-20），还包括池盐的生产、储运、称量等场景。这幅图中的盐秤由木架支座、秤杆、秤钩、秤砣四部分组成，其秤砣硕大，根据砣大小推测至少可称量上百斤，砣呈葫芦型，铁制或铜制，秤钩呈弯钩形，钩上悬系绳索以栓挂盐袋，衡杆极长，用铁环牢挂在秤座的木架之上。根据文献记载，宋代秤盐以席为单位，显然这是宋代盐司专用的盐席大秤，也是货秤的一类。从图中可看出该货秤的称量需要四人，两名公人（官方小吏）和两名人夫（普通劳力）合作进行，人夫将盐袋绳索挂在秤钩上，一名公人在后部执掌秤砣，一名公人在前部，手执秤端，似乎在审视秤的平衡，或许就是文献记载中的监秤官[1]。宋代的监秤官被称为"秤子"，"秤子"的实物资料见宋代"熙宁铜权"的铭文，该铜权的铭文中有"秤子刘衡"[2]。

图 3-20 宋代解盐图

宋代的"货秤"除这一重要的图像资料外，另有实物资料出土铜秤砣"嘉佑铜则"和"熙宁百斤秤砣"。"嘉佑铜则"出土于1975年湖南湘潭县，经实测，铜则高30厘米，厚20厘米，重64千克，形制圆顶，扁体，平底，通体刻缠枝牡丹纹，这种形制在历代的权、砣中极为少见[3]。根据铭文"铜则重壹佰斤黄字号，嘉佑元年丙申岁造"可知铜则重"壹佰斤"，铸造年代为北宋嘉佑元年即1056年，"铜则"意为标准铜权之意，可见这是北宋官方颁布的标准权衡器具的代表。"熙宁百斤秤

① 郭正忠. 三至四十世纪的中国权衡度量. 北京：中国社会科学出版社，1993.
② 浙江瑞安发现北宋熙宁铜权. 文物，1975，8：93.
③ 湘潭发现北宋标准权衡器——铜则. 文物，1977，7：79.

砣"1972年出土于浙江省瑞安县，鼓腰束底，权体呈五瓣瓜棱形，底座呈覆盘状，底座与权身刻大小相间的十二枚葵花瓣，制作精良、雕饰考究，秤砣通高33厘米，腹围73.5厘米，腹径23.5厘米，底径21.5厘米，重62.5千克。根据铭文记载该砣自重"百斤"，铸造年月为"熙宁□巳"，查北宋熙宁年历时1068～1077年计十年，其中"□巳"年只有一年为熙宁十年"丁巳"年即1077年，所以此秤砣当为1077年铸造[①]，铭文中还记载了制作由来以及铸造匠人、监制（即收管的"秤子"官）、当地知县、钱监及较定者、铸钱司及发运司长官等11人。可见这是北宋铜钱铸造场专用的秤砣。这也是北宋官方和地方政府秤砣的"法样"，民间铸造应仿此样。以上"熙宁百斤秤砣"和"嘉佑铜则"均为官方和地方政府的标准权衡器或法定的"省样"权衡器。根据"嘉佑铜则"和"熙宁百斤秤砣"的砣重分别为64千克和62.5千克判断，此类秤砣属于大型秤砣，其使用方式应该如《政和证类本草·解盐图》悬挂于木支架上，是大型"货秤"的秤砣。

近代"货秤"实物"民国大秤"（图3-21），该杆秤形制为单钮的大型"货秤"，根据秤杆上的铭文可知为"苏州杆秤"，制作时间为1943年，"苏州金通盛"制作，形制为单提纽杆秤，最小称量30市斤，最大称量200市斤，其秤杆总长165.7厘米，砣重3.5千克，该杆秤为手工制作，不仅制作精细，而且秤星图案优美，是传统手工制秤的典范[②]。该货秤最大称量200市斤，一人用手无法提起货物，所以称量时必须以肩扛木棍提起货物，即肩扛式。所以"货衡"的使用方式有两种：一种为宋代《政和证类本草·解盐图》中"货秤"悬于木架之上，另一种为上述肩扛式。因此"货秤"的使用至少需要两人合作才能完成称量任务。

图3-21 民国大秤

---

① 浙江瑞安发现北宋熙宁铜权. 文物，1975，8：93.

② 王琥. 中国传统器具设计研究：第二卷. 南京：江苏美术出版社，2006：237.

三、戥秤是提系杆秤的精细化发展

"戥秤"是对小型杆秤的统称，指主要用于中药、黄金等贵重物品的称量器具。汉代之前小型衡器多为衡范式的天平衡器，即前文所述"钱衡"，权衡器具发展至魏晋南北朝，杆秤形式的权衡器日益普遍，小型衡器的使用范围也发生了变化，汉代以前，小型精密衡器多用于称量黄金货币等贵重金属，但魏晋以后随着货币制度不断完善，货币称量的需求日渐减少。而伴随中医医药的发展，小型衡器日益从原来主要用于称钱的衡器，发展为主要用于称量中药的"药秤"。药秤最初以"单秤"形式出现，至宋代发展为更为精细的"戥秤"，是权衡器具——杆秤精细化发展的结果。

"戥秤"是设计极为精细的专用秤，它的出现并不是在宋代横空出世，而是有一个漫长的发展过程，"戥秤"作为专用小型秤始于医药领域杆秤替代天平有一个发展的过程。魏晋南北朝时期，随着中医医药的发展，称量药剂要求既快又准，而天平使用时如果手提式天平，则一手提天平，一手取药，还要增添砝码，非常不便，如果固定悬系式天平，则将天平置于桌面，不能满足移动式取药方式，所以从使用上讲，无论哪种方式的天平都不便于中药药剂的取药。所以医药领域的"单秤"就是在这样的使用背景下产生了，它是"戥秤"设计的早期萌芽。

关于"单秤"的来历，在魏晋南北朝至隋唐时期的医书中有关"复秤"与"单秤"的说法很多。例如：苏恭在《唐本草·陶隐居"合药分剂料理法则"按语》中说："古秤皆复，今南秤是也。晋秤始后汉末以来分一斤为二斤，一两为二两耳……古方惟仲景而已涉今秤……非复秤。"王焘在《外台秘要方》卷31《用药分两煮汤生熟法则》中说："吴人以二两为一两，隋人以三两为一两。"孙思邈撰在《备急千金药方·凡例》中说："吴有复秤、单秤，隋有大斤、小斤，此制虽复纷纭，正惟求之太深，不知其要耳。"[1] 在这些中药文献资料中屡次出现的"单秤""复秤"的称谓，如何理解这些概念，成为分析杆秤演变的重要一环，郭正忠在《三至十四世纪中国的权衡度量》一书中，提出"那么，唯一合理的解释，便是'复秤'之'复'，当指古代药用天平两端皆系秤盘：一盘盛药，另一盘置砝码，……'复秤'即指两端系盘的古药秤天平，那么，'单秤'无疑是指仅有一端系盘的药用提系杆秤。"[2] 按照郭正忠的分析，

---

① 郭正忠. 三至十四世纪中国的权衡度量. 北京：中国社会科学出版社，1993：36.
② 郭正忠. 三至十四世纪中国的权衡度量. 北京：中国社会科学出版社，1993：36.

所谓"单秤"与"复秤"的称谓是根据天平向杆秤演化中"吊盘"的变化而来的，衡范式的天平两个吊盘故而称为"复秤"，提系杆秤一个吊盘故而称为"单秤"。

接着郭正忠分析了导致南北朝至隋唐时期权衡量值增大的原因，在于"单秤"在使用上与天平衡器的不同变化，尽管他的分析角度是探索单位量值增大的原因，但涉及到药用提系杆秤的发展，给我们认识杆秤设计的发展以启示。根据郭正忠的推断这一时期药用杆秤即"单秤"经过从三分衡杆到五分衡杆再到四分衡杆几个步骤，天平衡器的衡杆是由支点的悬纽在中心二分衡杆，而三分衡杆秤是把衡杆平分三份，支点的提纽移向物重一端，位于衡杆三分之一处（图3-22），这样悬系砝码的位置，与提纽支点的距离，二倍于系物端与提纽之间的距离，从而原来天平上一两的砝码在此"单秤"上最大称量可以达到原来的两倍即二两。同样的道理，在五分衡单秤（图3-23）上提纽位于五分之二处，最大称量就是相当于砝码的一倍半，同样四分衡单秤（图3-24），提纽位于物重端四分之一处，最大称量就是相当于砝码的三倍。"单秤"的设计特点关键在于它的使用方式，根据魏晋南北朝至隋唐权衡量值由之前的每斤相当于250克左右，陡增至每斤600克左右，这一量值的大幅度变化，按照郭正忠的解释这是杆秤使用初期导致，"不言而喻，这是杆秤草创伊始或行用不久的情况。'分一斤为二斤'或'以二两为一两'等计量关系只是在如下两种特定条件下才可以理解：其一，那是就最初出现的三分衡梁提系杆秤而言，不是就任何杆秤而言；其二，是以三分衡梁提系杆秤计重时，沿用只看权重不问其他的传统天平计重方法。"[1]正如上文分析，杆秤初创之际，提纽虽移至一端，但使用中仍然以天平衡杆的方式称量物品，同样重量的天平砝码，在杆秤上使用，可以称量几倍的物品，所以单位量值也跟着增加，这就是"单秤"的称量方式。这种使用方式不仅在小型"药秤"上，在早期中型"日用秤"上也可能有类似情况，如上文分析的南朝张僧繇绘"执秤图"和北魏壁画"称鸽图"中的执秤提纽均几乎在衡杆中间。它们的使用方式也许类似单秤设计的原理。郭正忠分析了"单秤"的使用方式，但没有分析"单秤"存在的原因，器具设计演变直接源于生活中的实际使用需要，单秤的出现与"药秤"的特殊使用方式有关，称量中药时，并不是用秤去衡量物品的未知重量，其特殊的称量方式为：已知需要具体的药量，或一钱或一两的具体重量，

---

① 郭正忠. 三至十四世纪中国的权衡度量. 北京：中国社会科学出版社，1993：39.

用秤直接称量所需中药的重量，这种称量方式是用已知的量称出具体的药品，与日用秤的不同是，日用秤是在没有已知的量，用杆秤称出具体物品的具体重量，两种称量方式的不同，所以杆秤最初在"药秤"领域里才有类似"单秤"的使用方式。单秤设计形式直接导致更为精细的戥秤设计的产生。

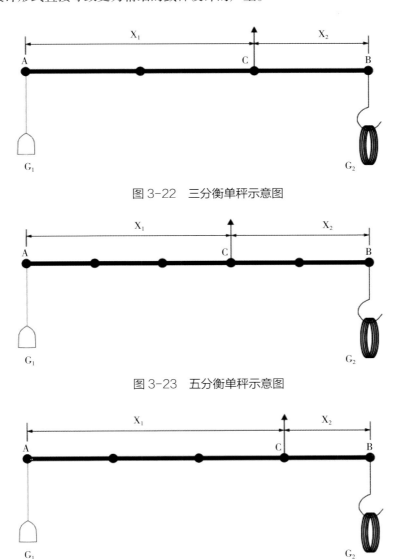

图 3-22　三分衡单秤示意图

图 3-23　五分衡单秤示意图

图 3-24　四分衡单秤示意图

在单秤设计基础之上，"戥秤"是单秤的改良设计。它是宋代广为使用的小型权衡器，从设计范式上讲，是杆秤的一种类型，是杆秤精确化的发展，"戥秤"亦名等子，始于宋代，是专称金银珍品或药物的小型衡器，它灵敏精巧，至今沿用。[①]关于"戥秤"的产生年代，有两种说法：一种观点认为出现于唐代，根据唐代新出现的计量单位"钱"，就这一量值推算等子秤在唐代已经出现。"有'钱'的计量标准，并有计量器具能复现和测量这个单位的量值，推测唐代称量'钱'的等秤已经出现。"[②]另一种观点认为在宋代出现，"等子是十世纪崛并起盛行的一种新型精巧衡器，是当时交换经济活跃、金银流通和科技进步的产物——其精度已达到昔日一两的千分之一，约相当今天的40毫克左右。在古代权衡器精密化的发展进程中，等子的出现具有划时代的意义"。[③]其实等子是杆秤的精细化、精确化发展的结果，等子产生的前提是杆秤已发展得相当成熟，从杆秤的发展历史看，成熟的杆秤制作技术和工艺应当是在宋代中期，所以宋代应是等子盛行的时期，正是在这样的历史条件下，才有刘承珪的"戥秤"设计作品。

刘承珪的"戥秤"：根据文献记载，刘承珪的"戥秤"设计相当精细，最初这一记载见《宋会要》，但以《宋史·律历志》记录最详，"其法盖取汉志子谷秬黍为则，广十黍为寸，从其大乐之尺，就成二术，因度尺而求毫，自积黍而取累。以毫、累造一钱半及一两等二秤，各悬三毫，以星准之。等一钱半者，以取一秤之法。其衡合乐尺一尺二寸，重一钱，锤重六分，盘重五分。初毫星准半钱，至稍总一钱半，析成十五分，分列十毫；中毫至稍，析成十分，分列十毫，末毫至稍半钱，析成五分，分列十毫。等一两者，亦为一秤之则。其衡合乐分尺一尺四寸，重一钱半，锤重六钱，盘重四钱。初毫至稍，布二十四铢，下别出一星，等五累；中毫至稍五钱，布十二铢，列五星，星等二累；末毫至稍六铢，铢列十星，星等累。"[④]根据这段记载，刘承珪的"戥秤"的设计在杆秤发展上具有标杆性意义，具体讲体现如下几点：其一，每秤都有三毫，杆秤提纽从最初的一纽发展到三纽，这不仅是精细化的结果，

① 国家计量总局，中国历史博物馆，故宫博物院. 中国古代度量衡图集. 北京：文物出版社，1984：35.
② 丘光明，丘隆，杨平. 中国科学技术史——度量衡卷. 北京：科学出版社，2001：337.
③ 郭正忠. 三至十四世纪中国的权衡度量. 北京：中国社会科学出版社，1993：83.
④ 宋史·律历志：六十八卷. 北京：中华书局，1985：1495-1496.

而且使杆秤功能范围扩大，量程加宽。其二，完整的权衡进制体系，"一钱半戥秤"为十进制的权衡进制设计，"一两戥秤"为传统的铢两进制设计，并且两种进制体系可以互相参校。开创了两种权衡进制体系在中国权衡器具中的并存体制。根据记载，刘承珪设计了"一钱半戥秤"和"一两戥秤"两杆戥秤，先看"一钱半戥秤"的设计，根据刘承珪制秤的年代，当时乐尺的长度，当为24.525厘米①，此等子杆长"其衡合乐尺一尺二寸"约合29.43厘米，杆"重一钱"合4克，"锤重六分"合2.4克，"盘重五分"合2克。这是"一钱半戥秤"秤杆、秤锤、秤盘的构件规格。其三，毫纽的量程，"初毫星准半钱，至稍总一钱半，析成十五分，分列十毫"；"中毫至稍，析成十分，分列十毫"；"末毫至稍半钱，析成五分，分列十毫"。从以上分析"一钱半戥秤"的三毫纽的最小分度值均为一毫，相当于0.04克，其精细度已达相当高的程度。再看"一两戥秤"，"其衡合乐尺一尺四寸"约合34.325厘米，杆"重一钱半"合6克，"锤重六钱"合24克，"盘重四钱"合16克。三毫纽分别为："初毫至稍，布二十四铢，下别出一星，等五累"；"中毫至稍五钱，布十二铢，列五星，星等二累"；"末毫至稍六铢，铢列十星，星等累"。由此可以看出"一两戥秤"的三毫纽的最小分度分为：初毫5累合0.83克，二毫2累合0.33克，三毫1累合0.167克，可见其三毫的最小分度由大到小，称量越来越精细。

较早的戥秤实物资料，以中国历史博物馆藏两杆明代"万历戥子"为代表，收录在《中国古代度量衡图集》一书中，其中一杆杆长31.1厘米，盘径8.5厘米，砣高4.7厘米，底长2.4厘米，砣重94.6克（图3-25），戥杆牙质，砣、盘白银鎏金，悬两毫纽，第一纽开端五两，最大称量二十两，分度值为一钱，第二纽开端为零，末端五两，分度值两分。另一杆杆长42厘米，盘径10.6厘米，砣高5.5厘米，厚2.1厘米，宽3.2厘米，重144.1克（图3-26），秤杆紫檀木，砣、盘白银制成，砣底刻"万历年造"，有三纽：第一纽开端十两，最大称量六十两，分度值一两；第二纽开端五两，最大称量二十两，分度值一钱；第三纽开端零，最大称量五两，分度值二分②。与刘承珪"戥秤"比较，万历戥秤设计更加成熟，制作更加精细。不过从制作

---

① 参阅伊世同. 量天尺考. 文物，1978，2.
② 国家计量总局主编，中国历史博物馆，故宫博物院. 中国古代度量衡图集. 北京：文物出版社，1984：35.

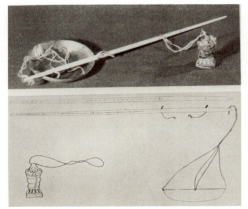

| 图 3-25　万历戥秤（一） | 图 3-26　万历戥秤（二） |

上看刘承珪戥秤和万历戥秤，均为中央政府或地方官府专用，不是民用戥秤。但是随着中医药的发展，戥秤很快普及至民间使用，成为重要的日用权衡器具。

　　由上所述，"秤范式"权衡器具的设计进化过程是从衡秤到杆秤的设计发展过程。衡秤上的刻度是天平衡杆向杆秤秤杆过渡的重要一环，之后随着刻度的不断精细化，秤纽设计移至秤杆前端，杆秤的设计形式日益完善，而小称量的小型杆秤逐渐分化为戥秤。因此从衡秤到杆秤再到戥秤是"秤范式"权衡器具设计进化的一条主要线索。

　　根据"器具范式"的标准，把中国传统权衡器具的发展分为两个阶段即"衡范式"和"秤范式"，传统权衡器具设计进化的总体方向是从"衡范式"向"秤范式"发展的过程。但每一个阶段又有一个渐进的过程。"衡范式"权衡器具的发展先从小型的环权型衡器开始，至锤权型衡器发展为各种称量范围权衡器，正是在锤权型和环权型权衡器的设计基础上，杆秤的设计形式得以产生，锤权型权衡器的砝码发展为杆秤的秤砣，环权型权衡器的衡杆发展为秤杆，形成从初级的衡秤到成熟的杆秤设计进化过程；直到戥秤设计的诞生，各种称量范围的杆秤设计得到完善。综上所述，权衡器具的设计进化过程就是权衡器具设计范式的承接累进的发展过程。

第四章

中国传统权衡器具的本体设计

　　本体是一个哲学概念，它是指终极的存在，也就是表示事物内部根本属性和质的规定性。器具的本体设计涉及器具自身的设计属性和规定性，它包括：与器具功能相关的结构设计，与器具视觉形式相关的形态设计，与器具物质材料相关的工艺设计。中国传统权衡器具的本体设计也是从结构设计、形态设计和工艺设计三个方面，展现其设计的根本属性和质的规定性。

第一节
中国传统权衡器具的结构设计

　　器具的结构设计是器具功能设计实现的物理机制，结构和功能的关系体现为同一结构可以实现多种功能，一种功能也可以有多种结构形式。权衡器具的结构设计主要表现为：衡臂结构（包括天平衡杆和杆秤秤杆）、衡权结构（包括天平砝码和杆秤秤砣）、承物结构（包括吊盘和秤钩）。不同的结构组织形成不同的功能构件，共同组成完整的结构系统，从而实现权衡器具的整体功能。传统权衡器具的结构设计是解决其器具使用功能的根本设计，从而体现了器具各结构部分之间的设计关系。

一、衡臂结构设计

　　权衡器具的结构原理来自杠杆原理，根据杠杆原理，臂杆是必不可少的结构之一，在杠杆原理中臂杆是一个机械结构，是杠杆平衡的一个结构，而权衡器具中衡臂则是一个器具结构，科学原理中机械结构是抽象结构，而器具中的器具结构是具象结构。如何将抽象的臂杆结构转化为权衡器具中具体的"衡臂"结构，是其结构设计的关键。这里体现了衡臂结构设计与功能的关系，衡臂的器具功能体现在一个"平衡"的状态上，如何最大程度上实现衡臂的"平衡"功能，是衡臂结构设计的关键。衡臂结构设计的演变就是不断实现其平衡功能的方式变化过程。由于传统权衡器具的两种设计范式"衡范式"和"秤范式"，从而形成了臂杆的两种结构形式，即"衡范式"的衡杆结构和"秤范式"的秤杆结构。

（一）衡杆结构设计

　　"衡范式"权衡器具设计是等臂天平的结构形式，等臂形式规定了其衡杆的结构设计的维度。其最初的衡杆结构体现在"楚衡"上，"楚衡"是"衡范式"权衡器具的早期形式，"楚衡"衡杆一般长约为一根扁平的片状结构木杆，其长短不一。安徽寿县出土的"盱子"木衡杆（图4-1）长约41.1厘米，宽约1.5厘米，厚约0.5厘米。衡杆的正中间和两端的三个孔点，将杆分成等臂的两段，中间孔为提纽，两端孔为悬挂吊盘的丝线（图4-2），三孔的位置平均分布于衡杆截面之上，且三点在一条直线上，根据三点孔隙的这种结构分布，可以判断衡杆在具体使用有两种可能：一是衡杆为横面朝上水平悬提，这种使用方式中，提纽与两端的旋纽接触面较大，从而降低了衡杆的灵敏度；二是衡杆的横面垂直悬提，这种使用方式中，提纽与两端的旋纽接触面与水平悬提的方式相比减小，从而增加衡杆的灵敏度[1]。以上两种可能的方式，无论实际应用中"楚衡"采用哪一种，均可以看出"楚衡"作为衡杆的初期设计形式，在解决提纽、两端的旋纽的力点设计时，三个受力点的设计均处于同一水平线上，说明此时的衡杆设计还处于初级阶段，还需进一步的完善，所以楚衡中衡杆结构设计是其平衡功能的最简单的实现方式。而汉代衡杆是衡杆结构设计的进一步发展。

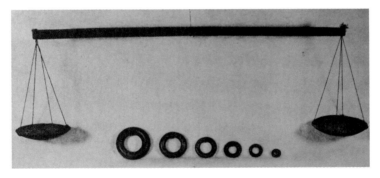

图4-1 "盱子"木衡、环权

---

[1] 关于"楚衡"衡杆的使用方式，作者曾请教于上海交通大学科学史研究专家关增建教授，他在回复作者的信中这样认为："楚衡"的种类不少，有木杆的，也有像"王铜衡"铜制的。"王铜衡"因为提纽在上，可以肯定其衡面是垂直的。而你说的楚衡，衡杆中间穿孔系纽，在具体使用时，也应该是衡面处于垂直状态的，因为从力学结构上说，衡面处于水平状态时衡杆强度较小，这是不利的；从使用的可靠性来说，衡面若处于水平状态，容易前后摇摆，这也是要避免的。所以，"楚衡"在使用时，应该是衡面处于垂直状态的。

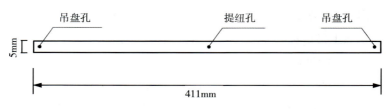

图 4-2 "盯子"衡杆结构示意图

衡杆结构发展至秦汉时期，已经达到成熟的设计阶段，如"婴家"汉钱衡的衡杆为竹制，杆的正中上侧穿有供悬挂衡杆的小铜环，两端穿孔，孔内插竹钉，吊盘系绳紧固于竹钉上（图4-3），根据小铜环的位置和两端的竹钉，我们可以断定"汉钱衡"的衡杆使用时为侧面朝上、横面垂直悬提。如果把"楚衡"与"汉钱衡"的衡杆稍作比较，可以得出两者在衡杆设计上的变化：第一，中间支点处由"楚衡"孔隙改为"汉钱衡"的穿环，这一支点处连接方式设计的变化，可以肯定衡杆的使用方式的变化，由水平横面转向垂直横面，也就是器具结构设计的变化，直接影响器具功能的实现方式；第二，由于支点处连接方式的改变，两端的悬挂方式的设计也发生变化，"汉钱衡"两端的竹钉，横穿孔隙，适于垂直提悬的横面，便于悬挂吊盘；第三，"汉钱衡"的衡杆上中心支点上移，两端的力点下移，与"楚衡"相比这三点不在一条水平线上。综上所述，楚衡与汉钱衡衡杆结构设计上的进化，是源于实践中人们对权衡器具测量精确度的追求，"楚衡"无论横面朝上水平悬提还是垂直悬提，其衡杆支点、两端的力点与衡杆接触面较大，故而降低了器具的精确度，而"汉钱衡"衡杆结构由于以上三受力点不在同一水平线上，侧面朝上横面垂直悬提的使用方式，使得支点、两端的力点与衡杆接触面较小，故而增强了器具的精确度，所以"衡范式"权衡器的衡杆结构设计的改变，最终服务于权衡器具功能的最大效用。从表面上看这是设计形式的变化，其实这是解决问题的方法的变化，因为设计的根本问题不是形式问题，而是方法问题。"设计从根本上不是形式问题，而是充分利用系统资源，在组织完善新形式的同时，实现人类的需求理想，其研究的价值在于不断积累和创造新方法，因此可以这样说，设计的本质是方法问题"①。从以上分析我们可以看出小型衡器"钱衡"

---

① 柳冠中，李永春. 轮子与设计. 新美术，2006，2：96-102.

衡杆，由于称量值较小，其结构设计的变化主要体现在衡杆三个支点形式的变化，这种变化，本质上是解决称量时三点受力问题的不同方法，这种解决方法直接显现在器具设计的结构进化过程中。

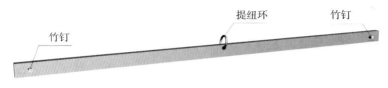

图4-3 "婴家"钱衡衡杆结构示意图

对于称量较重物体的铜质衡杆，从战国的"王衡"到汉代"王莽衡"，其衡杆结构中突出了拱肩的结构设计（图4-4），拱肩结构使得衡杆在悬吊称量时力点、支点的受力更加均匀：其一，拱肩圆孔的结构设计不仅便于悬挂，更重要的是拱肩结构将衡杆的提纽从杆身移至衡杆之外，纽点移至杆外使得衡杆悬吊时，衡杆更加稳定。"王莽衡"衡杆的中间提纽发展为方形圆孔的独立结构形式，与"钱衡"衡杆的孔隙或提环结构相比，孔隙或提环结构还依附于衡杆，而王莽铜衡杆的提纽已经独立于衡杆之上的一个结构部分，构成衡杆之外的独立结构形式。其二，"王莽衡"两端的圆孔下移至衡杆侧面底部，因为铜衡杆的称量量程较大，吊盘改为悬钩，所以铜衡杆上的孔隙是挂钩之用，故而孔隙较大。

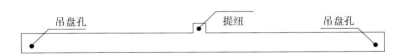

图4-4 王莽衡衡杆结构示意图

综上分析，衡杆结构设计在秦汉时期就已非常成熟，从明清时期的衡杆结构可以看出以后历代衡杆几乎沿此结构形式展开，如明朝《三才图会》所绘"天平图"图中衡杆（图4-5）虽然由直变曲，呈弓形，衡杆形态设计的变化正好满足结构上悬纽支点的上移和两端吊盘力点的下移，其结构设计与秦汉时期的衡杆结构如出一辙。再如清代铜天平（图4-6），衡杆结构中间方形，两端渐细为圆锥形，且悬挂吊盘的两点置扁圆吊耳，中间提纽为方形圆孔，与"王莽衡"的衡杆提纽结构一致。因此纵观衡臂结构设计的变化，其结构主体为最大程度地实现其平衡功能而服务，这就是衡臂结构设计与其平衡功能的关系所在。

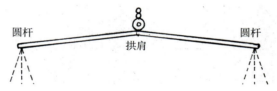

图 4-5　明代天平衡杆结构示意图

图 4-6　清代天平衡杆结构示意图

（二）秤杆结构设计

杆秤设计根据不等臂杠杆的原理，因此"秤杆"结构设计的自身规定性为不等臂的"臂杆"结构形式。据前文所述，杆秤设计是在天平设计基础上逐步演变的结果，因此秤杆结构设计是衡杆结构设计的进一步发展，秤杆主体结构为一根前粗后细的细长圆木杆，杆上置秤纽、秤钩、秤星。

秤杆一般为木质，也有象牙、青铜材质，结构为前粗后细的细长圆杆形。"天平式"衡杆的结构设计主要为前后等宽的长条形，从前后等宽的长条形结构发展为杆秤的前粗后细的圆杆结构，经过了相当长的设计演化过程，秤杆的圆杆结构从功能上讲，它是与"游砣"和"秤星"功能对应的结构形式，"天平式"权衡器的砝码或锤权设计是固定于一端，根据砝码重量获得物体的重量，而秤式权衡器根本上的不同在于固定的砝码变化为游动的秤砣，根据秤杆上的刻度，由秤砣所在位置的刻度读出物体重量，而不是根据砝码重量获得物体的重量。由于实用功能的根本性变化，使得衡杆逐渐由方体向圆体演变。这是秤杆前粗后细的圆杆结构设计的直接原因，杆秤的前粗后细的圆杆结构从实用功能上讲主要有三点：其一，圆体的秤杆与方体衡杆相比，游砣移动时，圆杆比方杆的摩擦阻力要小，便于游砣的前后移动。其二，增加杆秤的灵敏度，秤杆随着所称物体重量的增加，秤砣不断后移，秤杆越细，秤杆的自身重量越小，因此杆秤也越灵敏。其三，随着杆秤刻度的出现，尤其是三提纽杆秤，一组提纽需要一组秤星，在多组秤星刻度的显示设计上，需要多个显示刻度的面，圆形杆比长条形杆在面的选择上更加自由，便于秤星的显示设计（图4-7）。所以秤杆结构与实现其移动称量的功能相一致。

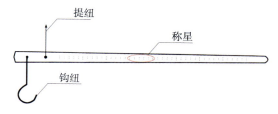

图4-7　秤杆结构示意图

秤纽是秤杆上重要的结构组织，秤纽与秤杆的连接方式有两种：一是穿孔系绳式结构，秤杆提纽的穿孔系绳结构沿用衡杆上的孔纽结构，如近代戥秤［图4-8（a）］中秤杆长21.5厘米，提纽处自下而上穿细孔，孔内系线绳，与"楚衡"衡杆上的孔纽结构类似。穿孔系绳式结构由于线绳的牢固度所限，故而这种连接方式多用于微型或小型杆秤的秤纽结构。二是置卡式结构，卡式结构是秤纽和秤钩与秤杆的连接方式，卡子通过卡孔固定在一根横穿秤杆的细铁条两端，再在卡子上部置孔系绳或置环纽。如"民国苏州大秤"卡子形制为梯形，上边长3.9厘米，下边长4.2厘米，高4厘米，卡上边正中置环纽，纽中系铁丝［图4-8（b）］，提纽的垂直用力保证秤体的准确平衡，置卡式提纽结构设计的连接方式提高了杆秤称量功能的精确度。置卡式结构与穿孔系绳式结构的提纽比较而言，置卡式的悬提力点更为均衡，在置卡式结构中，提纽力点经过了分解组合的过程，使得力的传导更加均衡，从而增加秤的灵敏度。另外由于置卡式结构的构件为铁质材料，其牢固度大大增加，便于拎提较重的物品，所以这种秤纽结构设计多用于大中型杆秤。

（a）　　　　　　　　　　　　　　　　（b）

图4-8　秤纽结构图

秤星是杆秤刻度的标识设计，杆秤的称量方式是根据秤杆的标识刻度读出物体重量。因此秤星是秤杆的重要结构，杆秤的刻度源于不等臂衡秤的刻度，如最早的衡杆"王衡"上的刻度，就是把衡杆十等分或二十等分，作为称量时的刻度标准，随着杆秤设计的渐趋成熟，等分刻度就转变为后来的秤星。秤星结构分布一般在秤杆天线上及其两侧。根据制秤工艺一根备用的秤杆，在制作秤纽、秤星之前，先要画出秤杆的天线与地线，天线就是秤杆朝上的一面，另一相对的面为地线，如果只有单纽的杆秤，秤星正好刻在天线所示的一面，如果是两提纽或三提纽的杆秤，除天线面外，还要在其两侧面刻其他秤星。图4-9是秤星在秤杆上的分布结构示意图，红虚线表示秤杆天线面上的秤星，两边的黑色虚线分别表示天线两侧的秤星。

图4-9　秤星结构分布示意图

二、衡权结构设计

衡权是砝码和秤砣的总称。它是权衡器具中实现称量功能的重要结构，根据杠杆原理，不同形式的衡杆结构构成不同的称量方式。衡权结构的演化是伴随衡杆结构的变化而变化。"衡范式"和"秤范式"两种设计范式形成了"臂杆"的两种结构形式，即衡杆结构和秤杆结构，也由此形成了衡权的两种结构形式：即砝码结构和秤砣结构。

（一）砝码结构设计

砝码作为"衡范式"权衡器的结构组织。按照天平的使用方式，称量物体所测重量与衡杆无关，而是由砝码直接读出。所以砝码的系列化结构是实现称量功能的必要条件，按照倍数递增的方式组成重量不等的一套砝码，是砝码系列结构的形式。砝码的形制有环权型、锤权型、鼓型、方柱型、银铤型、元宝型等。根据砝码不同形制分为两种使用方式：一种是置盘式，置盘式砝码早期主要为环权型，它的使用方式为称量时将物品放置于衡杆一端的吊盘中，后期也有扁圆鼓形、方柱形、银铤形等。另一种是垂悬式，垂悬式砝码主要为锤权型，它的使用方式是称量时砝码鼻纽系绳悬挂于衡杆一端。

置盘式多是环权型砝码，环权型砝码的系列结构在使用中突出组合使用的特点。"楚衡"砝码是以系列化的成套砝码出现的环权形式，根据出土的情况统计，一套环权数量不等，四到十枚最常见。如"均益"铜环权（图4-10），该套砝码出土于湖南长沙近郊，环权第九枚刻"均益"二字，十枚铜环权为完整的一套，各枚重量由小到大基本上按倍数递增，表4-1中十枚砝码分为三组：以铢为量值的砝码5枚，以两为量值的砝码4枚，以斤为量值的1枚。该套砝码的系列结构中通过不同砝码的组合使用，可以获得从一铢至两斤的连续测量数据，这是砝码系列结构组合使用的特点，假设物重一斤五两八铢，就可以把一斤的砝码、四两和一两的砝码、六铢和二铢的砝码三组砝码相加就是物重。也就是说，与杆秤相比，"天平式"权衡器通过砝码组合使用同样可以获得连续测量的数据，这是砝码系列化结构设计的结果。

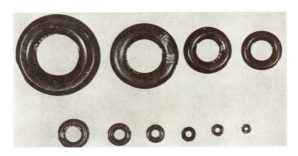

图4-10 "均益"铜环权

表4-1 "均益"铜环权数据表①

编号	一	二	三	四	五	六	七	八	九	十
量值	一铢	二铢	三铢	六铢	十二铢	一两	二两	四两	八两	一斤
实测/g	0.69	1.3	1.9	3.9	8	15.5	30.3	61.6	124	251
外径/cm	0.75	0.9	1.10	1.38	1.75	2.3	3.0	3.51	4.91	6.06

---

① 表中显示十枚铜权的量值依次为一铢、二铢、三铢、六铢、十二铢、一两、二两、四两、八两、一斤，根据这套砝码的量值，最小为一铢，各枚砝码的总和为2斤，由此我们可以得出这套"楚衡"的最小测量值为一铢，最大测量值为2斤。其中铢、两、斤为当时的重量单位，它们之间的进制为：24铢＝1两，16两＝1斤，即铢两间为二十四进制，斤两间为十六进制。

环权型砝码规整的块形结构，提供了砝码叠放的使用方式。环权砝码的外径由小到大递增，在使用中如需多枚砝码同时使用时，如果平摊放置于吊盘，会放不下或造成吊盘倾斜，影响测重，但如果按照环权砝码外径从大到小叠放于吊盘内，则既可以节省空间，又可以保持吊盘的水平垂直，增加称量的精确度（图4-11）。不仅环权，鼓型、方柱型、银锭型等砝码均可在使用中叠放置于吊盘中，或圆或方的块形砝码结构设计是叠放使用的结构前提，如果没有砝码规整的或圆或方的块形结构，就无法叠放。环权型砝码规整的块状结构在设计中突出匹配设计的特点。所谓砝码的匹配设计是指环权砝码的外径与承放砝码的吊盘尺寸大小的匹配设计，按照结构匹配设计的原则，吊盘直径应接近或稍大于一套砝码中最大外径的砝码尺寸。铜盘直径与砝码外径尺寸相符，吊盘的尺寸与砝码大小之间就容易找到匹配的尺寸关系。当然上述置盘式环权砝码主要指称量较小的小型权衡器的砝码，而不包括特殊环权砝码"王莽衡"的大中型环权，此类环权砝码由于重量大、体量大，使用时只能悬挂于铜衡杆之上。

图 4-11　环权砝码的叠放示意图

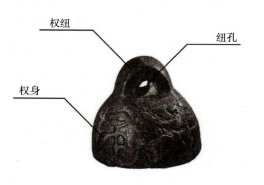

图 4-12　锤权结构示意图

权纽

纽孔

权身

垂悬式砝码主要为锤权型，这类砝码主要指"秦权"和"汉权"，魏晋之后随着杆秤的普及使用，锤权型的砝码演变为杆秤的秤砣。锤权的结构分为两部分：权纽和权身（图4-12），底部有凹槽。如"始皇诏十六斤权"（图4-13）铜权高8.2厘米，底径12厘米，重4185克。圆肩、鼓腹、平底，围绕权身自上到下刻写秦始皇廿六年统一度量衡诏书

共十四行，铭文结构从右至左，竖写
直行。权纽与权身结构合理，比例匀
称。权纽结构呈桥形圆孔，权身呈半
球形。权纽与权身分铸而成，权纽结
构中的桥纽两端连接权身，权纽大小
根据锤权重量的大小而变化，纽孔
结构功能为穿绳悬权之用，纽座为
纽与权身接触的面，其结构的功能
为固定于权身。该权"十六斤"，据
秦制折合4185克相当于今制8斤，权
纽较大，纽高2厘米左右，纽厚1厘

图 4-13　始皇诏十六斤权

米左右，纽长3厘米左右，两端纽座宽约1厘米，中间的孔径约1厘米。由于该权
自重较大，系绳必然不能太细，所以纽孔约为1厘米，以保证系绳有足够的空间，
同时纽座接触面较大，一方面确保权纽与权身的固定，同时也便于制作上的分铸
工艺。

权纽结构中的纽为实体结构，孔为虚体空间，桥纽与孔之间的空间关系，体现
了中国传统器具设计空间关系的理念，在《老子》第十一章中："三十辐共一毂，当
其无有，车之用。埏埴以为器，当其无有，器之用。凿户牖以为室，当其无有，室
之用。故有之以为利，无之以为用。"[1] 这里的"有"与"无"即器具结构空间中的
"实"与"虚"，器具设计中虚实相对才有器具之用，"古代注家多以'当其无'断句，
就是全章旨意晦而不明。直至清毕沅《老子道德经考异》才以'当其无有'为句，
此章之旨才豁然得解。"权纽之用在于权孔之虚体空间，权体之用的前提在于权纽
之实体结构。老子所谓"有之以为利，无之以为用"是对虚实空间结构辩证关系的
论述，强调了虚实相生，有无相对的辩证关系。在权纽的孔与纽的结构空间中也体
现了这一器具空间结构的辩证关系。

同时"始皇诏十六斤权"，权底有方槽，深2厘米，长宽各2.5厘米，关于这一

---

① 老子本原．黄瑞云校注．北京：人民文学出版社，1995：15.

图4-14 两诏铜权

方槽的功能，有的专家认为是"砝码校定重量时所凿"①。如果这样认定的话，方槽应为权铸好之后，较定时挖凿而成。但是类似的槽或孔也见于其他砝码的权底，如"两诏铜权"（图4-14）为空腹，底部有圆孔，直径5.5厘米，而且用铅封孔口，显然根据腹空的圆孔结构，不可能是铸好之后，校订时挖凿，而是铸造时设计预留的结构，从功能上讲，"两诏铜权"权底的圆孔结构与"始皇诏十六斤权"权底的方槽结构功能是一样的，都是用于砝码校订时，根据校订结果，如果重了，则在槽或孔内挖除一些重量，如果轻了，则在槽或孔内在补充些重量。如果认为这类权底的孔或槽结构"砝码校定重量时所凿"，那是因为砝码比标准重量重了，挖凿去除一些重量，造成这样的孔槽结构，那么假如砝码比标准重量轻了，如果没有预留的校定结构，就无法添加重量。所以，综上分析权底的孔槽结构首先不是铸造好之后，校订时再挖凿，而是铸造时结构设计的一部分，是砝码重要的结构组织，其次权底的孔槽的结构所对应的功能是砝码校订时的功能区。

（二）秤砣结构设计

秤砣是从锤权形砝码发展而来，在宋元时期随着杆秤结构发展的成熟而定型。但是在功能上，锤权型砝码自重较重，而秤砣作为秤杆上游动的结构，物重与秤砣的自重无关，而是由秤星显示物重，所以秤砣比锤权砝码的自重轻得多，故而在结构上呈现变化。秤砣结构有四部分：砣纽、砣身、砣腰、底座，与锤权砝码比较，其结构更加完整，功能更加合理（图4-15）。

砣纽位于秤砣的最上部，是秤砣悬挂于秤杆的系绳部位，砣纽的结构与锤权砝

---

① 国家计量总局，中国历史博物馆，故宫博物院. 中国古代度量衡图集. 北京：文物出版社，1984：28.

码的权纽结构类似，功能一致，但是由于锤权
砝码自重较重，其纽孔以桥形结构的权纽为
主，这样便于系挂较粗的线绳或铁丝。而秤砣
纽多为方纽圆孔的结构，如元代至元二年铜
砣，其砣纽为方纽圆孔，纽高2.5厘米，通高
12厘米，底径5.5厘米[①]。由权纽的桥纽圆孔，
演变为方纽圆孔，砣纽的结构形态不仅更加规
整，方中有圆，而且是秤砣自重减轻情况下，
更为合理的结构设计。

秤砣结构最大的变化在于砣身出现了束
腰和环阶底座。束腰结构设计的前提是秤砣
比砝码重量大大减轻，体量较小，易于结构
的造型设计。束腰结构在南北朝时期的秤砣
上就已出现，如北齐武平铁秤砣（图4-16），

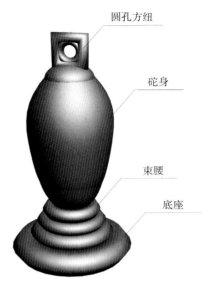

圆孔方纽

砣身

束腰

底座

图4-15　秤砣结构示意图

束腰结构在砣身中部，至宋元时期的秤砣束腰移至底部，如"至元八年秤砣"
（图4-17）束腰在环阶底部，束腰结构的出现必然带来底座结构，假如束腰在权身
中部，没有底座，如北齐铁秤砣的葫芦式的束腰结构，平置使用时秤砣的重心不稳，
而束腰下移至底部，秤砣的重心也随之下移，增加了稳定性，同时下移的束腰有底
座结构相接，底座结构设计为环阶底座，在束腰的下部与底座平面之间，有环阶结
构，使得束腰到底座的过度非常自然，环阶一般为二至四层，呈台阶状，从高到低，
由小渐大。底座的直径大于砣身最大直径处，这样的结构设计使得秤砣无论悬吊还
是平放都稳定性极好，视觉上也有稳重之感。秤砣与砝码的系列结构比较，都是单
体结构，即一杆秤只有一枚秤砣，砣身一般标明最大称量，如"大德五年秤砣"，砣
自重750克，砣身铭"大德五年，大都路造、三十五斤秤"[②]，标明该秤砣是最大称量
三十五斤的杆秤之砣。秤砣的单体结构使得杆秤发展为定量砣、定量秤。

① 赵丙焕. 河南新郑发现元代铜权. 考古，1988，2：140.
② 河北盐山县发现元代铜权. 考古，1992，1：94-96.

图 4-16　北齐武平铁秤砣

图 4-17　至元八年秤砣

三、承物结构设计

　　权衡器具的承物结构是指器具与被称物体的连接结构，承物结构可以分为两种：一是吊盘结构；二是挂钩结构。在中小型权衡器具中如"楚衡""戥秤"的承物结构是吊盘，而大中型权衡器具的承物结构为挂钩结构。

图 4-18　天平铜吊盘

（一）吊盘结构设计

　　吊盘结构有三情况：第一，"衡范式"权衡器具的双吊盘结构。例如战国秦汉时期的小型"钱衡"，衡杆两端对称悬吊两个尺寸相同的吊盘，一边置砝码，另一边置被称物品。"钱衡"为称量贵重金属的专用权衡器具，称量的重量较轻，所以此时的吊盘比较小，直径一般在5至10厘米左右，吊盘边沿打三至四孔，穿线绳系于衡杆，如湖北江陵九店楚墓出土的"天平铜吊盘"（图4-18），盘深5厘米左右，坡底，呈锅形，吊盘边沿四孔穿线悬于衡杆。由于"楚衡"衡杆固定悬挂与支架上，不需移动称量，吊盘也固定悬吊于衡杆之上，不需要平置，所以"楚衡"的铜盘结构较深，且陂底，增加盘内空间，便于多枚砝码同时使用。第二，"秤范式"权衡器具的单吊盘结构。
单吊盘是圆盘结构，"戥秤"的吊盘为平底浅圆盘，在连接方式上"戥秤"吊盘与
"楚衡"吊盘一样为穿孔系绳悬于衡杆之上，不同的是"楚衡"吊盘为深盘坡底，"戥
秤"吊盘为平底浅盘，这一平底浅盘结构便于使用：其一"戥秤"不用时，需要平
置，平底盘便于放置。其二"戥秤"称量中药药方时，需根据多寡不断地增添或减
少药量，浅盘便于物品的拿放。如万历戥秤吊盘（图4-19）白银圆盘，平底浅腹，
盘径10.6厘米，沿高约2厘米，盘沿四孔穿线吊于秤杆。日用杆秤的称量范围在几
斤至几十斤，称量的物品从日用杂物、鱼肉果蔬、盐茶谷物等，它的吊盘盘径较大，
一般可称量物品三至十斤，如"温州盘
秤"（图4-20），浅盘平底、盘径15厘
米，最大称量10斤，盘秤的吊盘由于称
量物品较重，吊盘如果使用细绳已经不
能承物品之重，所以盘秤的吊盘是以盘
上穿孔系较粗的尼龙绳，再以环钩挂于
秤杆。第三，"枰范式"权衡器具的簸箕
形吊盘，簸箕形吊盘结构是在圆形吊盘
基础上的改进设计，这样便于称散装物
品如谷物、盐茶等直接以箕形吊盘盛装
（图4-21）。簸箕本是农用器具，用竹篾
或柳条编制，其结构为三面有边沿，一
面敞口，主要功能通过左右上下的颠动，
清除粮食的糠秕等杂物，是粮食脱粒后
精加工的农用器具。权衡器具的吊盘借
用簸箕的结构形制，材质上改竹篾或柳
条为铁、铜材质，功能已经不是扬除杂
物，而是用于杆秤吊盘盛装散置的物品。
簸箕形吊盘的三面边沿，在使用上既能
兼有圆形吊盘的承物空间，一面敞口，
又增添了盛装物品之便。以上三种吊盘

图4-19 戥秤吊盘

图4-20 温州盘秤

图 4-21　簸箕形吊盘

的结构与权衡器具的不同使用方式有直接的关系，天平的等臂衡杆结构决定了其对称的双吊盘，而杆秤的不等臂秤杆结构决定了其单只吊盘。

（二）挂钩结构设计

挂钩结构体现衡杆或秤杆的承物方式，挂钩结构具有双联功能，在车辆等交通器具中的连钩、服饰器具中的带钩等为常见结构形式，如"战国玉带钩"（图4-22）为单钩结构，钩尾呈弯钩状，钩身微曲，钩身背面有圆纽，弯钩弯向钩身上侧，圆纽在钩身下侧。钩的主体结构特征已经呈现，即弯钩弯向与圆纽不在钩身的同一侧。权衡器具的挂钩有"J"型、"S"型单钩和"几"字型双钩三种结构（图4-23），"J"型单钩和"几"字型挂钩结构中，钩首为圆环，且钩环与钩身连为一体，钩尾为弯钩，"S"型挂钩结构中，

图 4-22　战国玉带钩

钩身一端为小弯钩，另一端为大弯钩，且大小弯钩的弯向相反，不在钩身的同侧。挂钩的两端结构的弯向不在同侧，这是挂钩结构设计的关键，也是挂钩结构的主要特征，这一结构特征完全是为了更好地实现挂钩双联功能的需要而设计。

"J"型单钩　　　　　　　"几"字型双钩　　　　　　　"S"型单钩

图4-23　三种挂钩结构示意图

"J"型、"几"字型挂钩主要在天平衡器中使用，如"王莽衡"中的铜钩，钩长26厘米，钩首为圆形小孔，系绳可悬于衡纽，钩尾为弯钩，弯钩结构功能可钩挂被称物品[1]。"S"型挂钩主要在秤杆中使用，秤钩结构为上小下大的"S"形结构，上部小钩，下部大钩，一方面上部的小钩通过"8"字环，连接秤杆与卡子，另一方面下部的大钩钩挂被称物体。如刘彩妹家用杆秤[2]，秤钩结构为不规则的"S"（图4-24），上下长9厘米，左右宽9厘米，钩底距杆身16.5厘米，秤钩与秤杆的连接设计环环相扣，通过四个不同功能与结构的构件把秤钩与秤杆连

图4-24　家用杆秤秤钩

① 丘光明，丘隆，杨平. 中国科学技术史——度量衡卷. 北京：科学出版社，2001：243.
② 刘彩妹是苏州斜塘人，开设旧货收购站，家有多把自用杆秤，这是其中称量六十斤的杆秤。

接在一起：第一个构件为长3.5厘米的铁条，铁条卡在秤杆的第一个刀口处；第二个构件"U"字形卡子，卡子两端连接铁条；第三个构件是单环纽一端连在卡子的底部，单孔一端与"8"字环相连；第四个构件是"8"字环，一端连接单环纽，另一端连接称钩（图4-25）。每一连接点力求保持圆形接触点上，使连接点以最小的面接触，减少秤重误差，同时使连接点保持在一条直线上，以达测重的准确性。

挂钩结构设计具有明显的"预设用途"设计，挂钩的钩部结构就是挂钩功能的预设和提示，"预设用途为用户提供了操作上的明显线索。平板是用来推的，旋钮是用来转的，狭长的方孔是插东西的……，如果物品的预设用途在设计中得到合理利用，用户一看便知如何操作，无需借助任何的图解、标志和说明。"[1]即使是不会使用权衡器具的人，当看到挂钩的结构也会使用，"钩"就是一种预设功能，它给使用者以操作线索和操作提示。

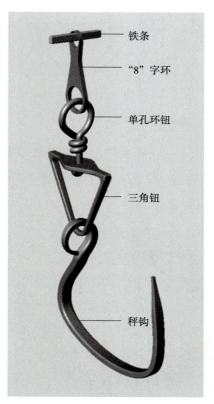

图4-25　秤钩连接结构示意图

铁条

"8"字环

单孔环钮

三角钮

秤钩

通过传统权衡器具结构设计的分析，可以看出由于传统权衡器具的"秤范式"设计与"衡范式"结构设计不同，带来了不同的使用方式和不同的效用维度。"秤范式"权衡器具有以下特点：其一，便携的携带方式：杆秤设计与天平设计比较，杆秤最大的优点在于携带方便，一根不长的木杆，另加一个不大的秤砣，组合使用就可以解决日常称量问题，结构设计上便携式设计是杆秤成功成为中国权衡器具主体范式的主要优势。因为中国传统社会的经济特点是小商品经济发达，小商品经济的特

---

① 唐纳德·诺曼. 设计心理学. 梅琼译. 北京: 中信出版社, 2003: 10.

点是流动性、分散性，沿街叫卖的商贩们需要便携式的权衡器具，而杆秤的设计根据这一经济特点逐渐完善其便携、简易的设计特点，直至成为家庭必备的生活器具。其二，量程宽的称量特点：杆秤的提纽从最初的一个提系，发展到后来的二系提纽、三系提纽，通过改变提纽的位置增加杆秤的量程，一只秤砣从几两到几斤、十几斤，只需换一个提纽就能解决各种范围的称量问题。其三，连续式的测量数据：在称量较重物品时，利用日用天平衡器，所测的数据是离散的，只能根据砝码的重量或砝码的组合重量，读出所测物体的重量，如一斤、三斤、五斤的砝码组合，只能得出整斤的离散数据，而杆秤是通过秤杆上的刻度直接读出数据，所测数据是连续的、精准的。

第二节
中国传统权衡器具的形态设计

　　器具形态是器具视觉形式的显现，如果说器具的结构设计诉诸于器具的实用功能，那么器具的形态设计则诉诸于器具的视觉审美。从艺术设计学的研究视角，器具形态设计就是器具的造型设计。"造型是设计的基本任务，形是设计的基本语言，造型与造物密切相连。任何实在的物都有形的存在，形是视觉可见的，触觉可触的，它包括色彩和质量的概念。"[①]形态设计是器具造型设计的结果，造型设计是利用自然形态、人工形态等形态原型创造新形态的过程。也就是说形态设计与造型设计是

---

① 李砚祖. 工艺美术概论. 北京：中国轻工业出版社，1999：128.

同一事物的两个方面，都是指器具"形"的设计，形态设计强调"形"设计的结果，造型设计强调了"形"设计的过程。

一、器具形态的审美设计是器具功能设计的外延

"形态"一词作为艺术设计的基本语言，从不同的角度、不同的层次理解，有多种概念和涵义。"形态设计"与"设计形态"是两个内涵与外延都不相同的概念，"形态设计"强调设计中"形"的创造，正如诸葛铠在《设计艺术学十讲》中把形态设计分为三类："与线相关的形态包括外部形态——轮廓和内部形态——结构，与物质相关的形态包括物质形态和肌理形态，与形象相关的形态包括具象形态、意象形态和抽象形态。"[①]"设计形态"强调"形态"作为造型设计的要素，根据形态不同的存在方式，形态分为现实形态、概念形态、纯粹形态、自然形态和人工形态。概念形态是不可见的，不能直接被感知的形态，只有以视觉符号的形式呈现出来，才能被感知，以几何形式呈现的概念形态就是"纯粹形态"，如三角形、圆形、方形等几何形，纯粹形态是各类形态的基础，是现实形态的构造元素。纯粹形态是现实形态舍去种种属性之后剩下来的形式，是现实形态的构造元素和初步表现。现实形态是现实经验中能被感知和触摸到的"形"，它包括自然的现实形态和人工的现实形态。无论自然形态还是人工形态都可以作为器具形态设计的"原型"。

器具形态设计就是利用各类形态"原型"对器具"形"的造型设计，这也是艺术设计区别与工程（机械）设计的关键，前者是美的造型设计，后者只是单纯的机械结构的设计。器具形态设计的造型内容既"包括表面装饰性的形如纹样、符号、表面色彩等，也包括依据合理的功能结构而设计的外形。"[②]表面的装饰性造型称为装饰形态，根据功能结构的外部造型称为结构形态。"设计基本上没有自我表现的动机，其落脚点更侧重于社会。解决社会上多数人共同面临的问题，是设计的本质。"[③]设计不是艺术家的自我表现，设计是解决问题，这就是艺术与设计的根本区别，设计区别于艺术，但设计又离不开艺术，设计中的艺术创造体现在设计作品形

---

① 诸葛铠. 设计艺术学十讲. 济南：山东画报出版社，2006：158-180.

② 李砚祖. 工艺美术概论. 北京：中国轻工业出版社，1999：129.

③ 原研哉. 设计中的设计. 济南：山东人民出版社，2006：40

式美感的创造。器具形态设计是器具设计中的"艺术基因"，它包括器具的造型和装饰设计，造型设计是与器具形制和器具功能相关的结构形态，结构形态中又分整体形态和部分形态，"在空间结构上，整体（形态）应是突出与部分（形态）的新形……我们根据这样的原理可以认识到，设计的形态作为一个独立的知觉样式，是具有高度组织水平的整体，部分不能决定整体，整体的性质对部分却有重要的影响。而某种形态在各要素的相互作用下，它在整体中的自身属性可能得到增强，也可能会减弱。"①装饰设计是与器具形式和器具审美相关的装饰形态，装饰形态又分为纯装饰形态和功能装饰形态。器具的结构形态设计自由度相对较小，而器具装饰形态设计自由度相对较大。器具形态设计是器具设计中艺术创造的体现，是器具形式美感之源。而同时与器具形态相关的审美设计在一定程度上也是器具功能设计的外延，器具形态的审美设计离不开对功能设计的参照和补充。

器具有审美价值吗？回答是肯定的，"审美并不局限于艺术，艺术以外，从生产劳动过程到这一过程的结晶——劳动产品，从日常生活的衣食住行到城市布局和自然景观，无不存在大量的审美问题，从审美的角度研究和探讨这些人类行为、日常器物以及生产生活环境，寻找规律性的东西，就是审美设计学的课题。"②可见器具具有审美价值，不仅有审美价值，而且还属于一个重要的美学分支——设计美学的一部分。器具不同于"艺术品"，也非同于"工艺美术品"，因此器具审美有着特殊的审美认知方式，尤其传统器具的设计审美对当代设计思维具有不可轻视的启鉴意义。

审美是一种人类高级心理活动，实用与理性是中国传统审美文化根性，具体表现在中国传统权衡器具视觉形态设计之中。中国传统文化根性是以巫术文化为代表的原始文化，"巫"是渗融着原始神话、原始图腾的中国原始文化的源头。"因此中华原始巫文化的过分发达，由于其原始理性的巨大历史文脉作用，使得中华文化未能由原始巫术成长为宗教，因为它一开始就缺乏主神意识。或者说原始理性相对强大而持久的中华原始巫文化恰恰是阻碍主神意识的历史性生成、消解或遮蔽主神意识的巨大精神之力。一个缺乏主神意识的民族与文化绝不会产生像样的宗教，故

① 诸葛铠. 设计艺术学十讲. 济南：山东画报出版社，2006：182.
② 叶朗. 现代美学体系（第二版）. 北京：北京大学出版社，1999：335.

'淡于宗教'是历史文脉的必然，中国文化的根性表现之一是'实用理性'，其实这种道德伦理意义上的'实用理性'首先表现在原始巫术中，凡巫术既比宗教'理性'又是讲究'实用'的。"①中国传统巫文化的"实用"与"理性"精神，正是中国传统文化发展的历史文脉，"巫"的思维承认神灵存在，却不承认其绝对权威，"巫"是"天人感应""天人合一"的文化模式中的"物质精灵"，"巫"在本质上相信人可以借助神灵把握世界，巫术活动中的神灵只是"巫"的手段，而其目的不是达到神的意志，而是达到"人"的意志。正是从这一点上体现了原始巫术文化根性中的"实用理性"精神。巫术的意志自然是强烈而明确的，但是人（巫）的作法（巫术行为）纯粹为人而非为神，在巫术中，人（巫）只是借助于神，而不是达到神的目的，而是人（巫）的意志的战胜。中国传统文化根性所表现出的"实用"与"理性"精神也是中国传统器具设计的文化根性。在中国传统器具设计中，这种实用与理性的设计思维和文化根性表现为"巧制"而"少饰"的器具设计特点。讲究实用即"以智获巧、利巧得用"，审美上追求"大巧若拙"的"智巧美"讲究理性，即"少则得，多则惑，是以圣人抱一为天下式"②。在造型和装饰的形态上追求单纯的"一"，结构造型上力求简洁，器具装饰上力求少饰。这也是中国传统器具设计中形态设计的审美文化根源。"中国传统的美学思想中，始终贯穿着一种'衡中求变'的思想，即追求均衡，而不是简单的对称。体现在造物设计中，即寻求'方与圆、曲与直、盈与亏'等视觉形态上的对比，在对立中寻求统一，通过把一事物完全相反的两个极'合二为一'。获得对一事物的完全把握，并在此基础上实现'物我两合'，这也逐渐形成了中国传统器具形态设计方面的审美标准"③。

美与用的和谐是"器具审美"的维度，如果说"用"是器具的内容，那么"美"则是器具的形式，美与用的和谐体现了器具内容与形式的统一。"那种构成作品的独一无二、经世不衰的同一的东西，那种使一件制成品成为一件艺术作品的东西——这种实体就是形式，借助形式而且只有借助形式，内容才获得其独一无二性，使

① 王振复. 中国美学史教程. 上海：复旦大学出版社，2004：9.

② 黄瑞云校注. 老子本原：第二十二章. 北京：人民文学出版社，1995：30.

③ 王琥. 中国传统器具设计研究：第二卷. 南京：2006：72.

自己成为一件特定的艺术作品的内容，而不是其他作品的内容。"①威廉·荷加斯（William Hogarth1697–1764）是英国杰出的画家，他在设计理论上的建树以《美的分析》为代表。尹定邦这样评价"在西方，一般以荷加斯的著作《美的分析》为最早的设计理论专著。做为画家的荷加斯敏锐地意识到洛可可风格的意义，并提出了线条美的特征，而且对线条的组合做了十分精辟的分析。此外，荷加斯还分析了以线条为特征的视觉美和以使用为特征的理性美，曲线的视觉美是丰富的变化和整体的统一，实用理性美是以最大限度地满足使用者的使用需要为目的。"②荷加斯关于"以线条为特征的视觉美和以使用为特征的理性美"观点，就是器具设计中形式与功能在器具审美中的两种实现方式。荷加斯在《美的分析》一书中谈到一架老式钟表装饰时这样说："如果为了修改这种机械的形式而有必要加一些装饰因素，则应当注意这些装饰因素不要妨碍它的运转，因为它们对于它的基本用途是多余的东西。可是，在大自然的机械中，我们看得非常清楚，美与有用是携手前进的。"③器具形态设计的装饰与功能是相互促进的，形式与功能相得益彰，器具的形态设计是对其功能的彰显和补充。

功能美是器具审美的起点，器具是属于"物"的范畴，柳冠中提出的"设计事理学"，把设计中的"物"与"事"联系思考，根据设计事理学，器具是设计物，任何一件器具都是为解决现实生活中的事而产生，因此器具的根本属性是实用功能，器具审美应从器具的实用功能谈起，必须将器具回归到使用方式的"原始生态"中，即把器具与事件相连接，器具作为"物"完美地解决了"某事"，实现了"物"的功能释放，也就实现了"物"的价值，这就是"物美"，是器具美的本真体现。器具审美必须从器具实用的功能美出发，才能到达视觉形式的审美彼岸。"设计和形式的关系特别密切，设计是形式的守护者，是再现、再造形式的一种机制。斧子锈蚀了，房屋倒塌了，然而它们的形式保留下来了。用来制作斧子的石头或金属，建造房屋的砖瓦和木头在存在上都是短暂的，然而斧子和房屋的形式常存。……从哲学的高

① 马尔库塞. 审美之维：马尔库塞美学论著集. 李小兵译. 上海：生活·读书·新知三联书店，1989：193.
② 尹定邦. 设计学概论. 长沙：湖南科学技术出版社，2007：6.
③ 威廉·荷加斯. 美的分析. 桂林：广西师范大学出版社，2005：39.

度看，设计把有限的实在和无限的潜在、短暂的质料和永恒的形式联结起来。"①在器具漫长的演变进程中，最后固定下来的结构形式是最实用的，也是最美的。其结构的实用性与形式的审美性是一致和统一的。我们不能离开实用功能，单独谈器具的视觉形式的美，否则器具审美就会失去根基。传统器具的确渐渐淡出当代生活的轨迹，但"不再被使用"，不等于没有使用价值，例如传统社会中普遍穿着的草鞋，在今天它已经成为工艺品，但是草鞋设计中以最易获得的材料、最简洁的设计形式，最实用的功能定位，至今仍是现代设计中孜孜以求的设计目标，它曾经完美地解决了传统社会中人们生活的切实需要，这就是功能美，它是器具审美的起点。

中国传统权衡器具与使用功能相关的内部形态，就是由水平置放的衡杆和悬挂的吊盘、秤权、被称物品构成稳定的形制，在称量的使用功能不变的情况下，权衡器具设计的形制变化很少，尤其是"秤范式"中提系杆秤的形制设计，从而形成有效的功能和简洁的形制，这种以最少的结构满足最大的使用功能体现了形制之美的本质。

二、"衡范式"权衡器具的形态设计

器具的视觉形式直接作用于视觉感官，"衡范式"权衡器具的整体视觉形态属于典型的对称式平衡设计，从钻孔技术开始，人类最初所创造的视觉形态基本都是对称的，因此对称平衡的形式美也是人类最早确立的审美原则，"衡范式"权衡器具的视觉重心在衡杆中心，两端悬吊大小相等的吊盘，达到视觉平衡设计，符合人们的视觉审美习惯。衡杆为抽象中的线，正中的提纽和两端的悬丝线孔构成一条直线上的三点，吊盘为抽象中的面，边缘的四个孔构成圆面上的四点，通过四根丝线与衡杆连接，从而构成衡范式权衡器具完整的视觉形式系统，以点、线、面等视觉语素呈现出视觉形态的抽象表现（图4-26），呈现清晰的视觉样式。整体形态设计以方形、圆形等单纯的几何形态为主，衡杆的长条形态、砝码的环形或半球形态、吊盘的圆底碗形等部分结构形态构成了纯几何形态。"衡范式"权衡器具形态设计中包括：衡杆形态设计、砝码形态设计和吊盘形态设计。

---

① 凌继尧，徐恒醇. 设计艺术学. 上海：上海人民出版社，2000：2-3.

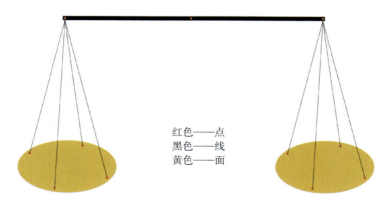

红色——点
黑色——线
黄色——面

图 4-26　吊盘天平视觉形态示意图

　　"衡范式"权衡器具的主要物质材料为铜，如铜衡杆、铜权、铜盘，也有少量的铁权。铜在物质形态上属于刚冷型质感的金属材料，铜的金属质地与铜锡合成后呈现青铜的光影、色泽在物质形态上、视觉心理上给人以重量感。物质形态是材料本身的表现力，"不同材料之间，因性能不同，加工方法不同，表现力也不同。表现力的强弱是相对而言的，离开一定的需要，就无所谓表现力的高低。"①器具材料的选择，其实就是在选择物质材料的形态表现力。"衡范式"权衡器具选择"铜"物质材料，就是选择了铜的物质形态表现力，这是与权衡器具称重功能的需要相一致的。

（一）衡杆形态设计

　　衡杆形态主体是为长条形，"楚衡"衡杆形态的外部轮廓即基本空间特征为扁片状的长方条形，其规则、单调的直线轮廓构成了衡杆总体形态特征，衡杆单纯的直线轮廓，在视觉心理上趋于静止与平衡之感。但平均分布在两端与中间的圆孔，增加了直与曲的变化，方与圆的对比。衡杆一般长约25厘米，宽约1.5厘米，长与宽的维度对比较大，规定着衡杆长方形态的运动方向，视觉重心与衡杆中心的纽孔重叠。"通常，在我们对某些事物进行陈述的时候，总是通过描写该事物与周围背景之间的关系，而把这种事物的形态传达出来。"②衡杆视觉形态的对称平衡，正是源于衡杆背景上三个圆孔形状相同、位置对称且平衡的视觉形状。而"王衡"衡杆形态

---

① 诸葛铠．设计艺术学十讲．济南：山东画报出版社，2006：172．

② 鲁道夫·阿恩海姆．艺术与视知觉．滕守尧译．成都：四川人民出版社，1998：2．

的中间提纽突出呈拱肩，拱肩与拱肩内的圆孔不仅增加了衡杆视觉形态的曲直变化，而且这一形态具有明显的"语义"特征，向上的尖拱暗示着衡杆向上悬提的力点。产品语义学强调产品造型的交流性，"产品的造型必须具有明确的交流性，形态应该'指示'和'表达'概念，例如，用手'捏'的和用手'抓'的物体的造型是决不能混淆的。"[①]尖拱形态指示衡杆的使用方向，具有明显的语义交流特征。明代天平衡杆形态整体由"王衡"与"王莽衡"上的直杆拱肩，发展整个衡杆的曲拱形态，"曲杆拱肩"形态是明代衡杆形态的最大变化，衡杆的拱形形态与"楚衡"长方条形形态比较，拱形形态以流畅的曲线轮廓，增添了衡杆形态的节奏与变化。清代衡杆形态呈直杆方肩，直杆中间方体，两端圆锥体，方肩内圆孔为纽，衡杆形态以直线方形的造型为主体，方圆对比中主次形态分明。从衡杆形态设计的变化中，可以看出衡杆形态变化由长方条形、直杆拱肩到明清时期的曲杆拱肩和直杆方肩。

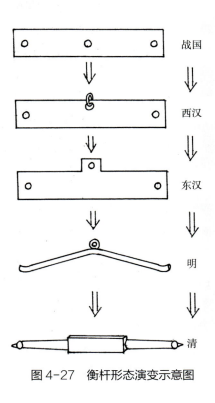

图4-27 衡杆形态演变示意图

如果把"衡范式"权衡器的使用看作一个运动的"场"，那么衡杆中间支点与两端的力点则是这个"场"中的三个力。"物理学家们告诉我们，在任何已知的'场'中，力的分布最终会达到一种最规则、最对称和最简化的结构。这个场越是孤立，场中包含的力的活动就越自由，而力的活动越自由，最后得到力的分布图式也就越简化……这种力的简化分布，往往是以规则、对称的形状显示出来。"[②]衡杆形态的变化就是"场"中三个力运动的最简化形式，器具设计的视觉形态源于人们的知觉心理的结构形式，从衡杆形态设计的演变上看（图4-27），"衡范式"权衡器具的衡杆最后固定下来的视觉形态，就

---

① 赵洪江. 设计艺术的含义. 长沙：湖南大学出版社，2005：21.
② 鲁道夫·阿恩海姆. 艺术与视知觉. 滕守尧译. 成都：四川人民出版社，1998：88.

是与视知觉和心理知觉结构形式的同构结果。

（二）砝码形态设计

"衡范式"权衡器具的砝码形态设计以圆形曲线或弧线构成的环形或半球形为主。置盘式砝码形态以圆环形为主，明清时期也有银铤、方柱形态。关于环权的圆环形态设计的"原型"有两种可能：其一，环权砝码一般用于称量钱币等贵重金属的小型权衡器，从这一点上讲，环权的圆环形态设计的"原型"应该源于圆形钱，如图4-28中的战国圆钱，其形态为圆孔圆钱，而"圆形钱应是从纺轮中演变起来，从中可以看出纺织手工技术对人们生活的影响。"[1]其二，环权的圆环形态设计原型为"玉环"（包括玉镯）（图4-29）。这种观点根据《汉书》载："五权之制，以义立之，以物均之，其余大小之差以轻重为宜。圆而环之，令之肉倍好者，周旋无端，终而复始，无穷已也。"[2]"肉"与"好"的关系本是指"玉璧"、"玉环"中实体与虚空间的关系，《汉书》以"肉"与"好"关系描述环权形态，因此推测环权的圆环形态设计的"原型"源于"玉环"。环权形态不管是源于"圆钱"还是"玉环"，其圆环的形态设计，与长方体衡杆形态，形成鲜明的对比与变化关系，与吊盘的圆形形态，构成和谐的统一与呼应关系，器具整体形态由不同的结构形态构成，部分结构形态服从与整体形态的统一与变化。任何两个部分形态的关系都是不平衡的，如秤杆的前粗后细，但当把它们放在器具整体形态中，它们便互相平衡了，从而达到整体形态的统一与和谐，正如环权的圆环形态与衡杆的方体长条

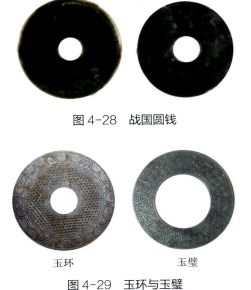

图4-28 战国圆钱

玉环　　　　　玉璧

图4-29 玉环与玉璧

① 赵农. 中国设计艺术史. 西安：陕西人民美术出版社，2004：82.
② 班固. 汉书. 颜师古注. 北京：中华书局，1962：969.

形态之间的统一与协调。

垂悬式砝码形态以半球形态为主，上部为弧面孔纽，下部为平底、半圆球体，上下形态协调一致，尤其下部球面造型为大面积的铭文刻凿提供了装饰空间。其权身的装饰形态多为表面铭文，铭文多者布满权身，尤其以秦始皇诏和秦二世诏书的铭文最多，秦始皇统一中国后颁布统一的文字——小篆。这一时期的铭文的刻凿以篆书为主（图4-30），但是权器上的铭文多为工匠用刀刻凿，所以严格地讲，这种装饰形态的审美不是书法艺术之美，而是体现了工匠刻凿技艺之美，根据字数的多寡和权体表面的具体情况，字体结构形态或细长或扁方，应该说是当时的"美术字体"。"从更为广阔的视野中来看周秦时期的篆书、金文和石刻文字以及官方制作的权量、诏版、玺印、瓦当等文字，在这一时期的通行文字中只占极小的一部分，这类文字的精致美观不完全是书写的效果，而是铸模刻凿的工艺所致，所以也可以说这类文字基本上是工艺美术字。"[1]铭文字体的装饰性不仅表现在刻凿工艺之美，还表现在中国文字以线造型的方块体结构形态之美。

图4-30　始皇诏铜权铭文

（三）吊盘形态设计

"衡范式"天平的吊盘形态与杆秤的吊盘形态不同，天平的吊盘为圆口深腹，锅

---

① 张志和. 中国古代的书法艺术. 北京：中国社会科学出版社，2001：20.

形底，从视觉形态上讲并不是"盘形"，而是圆底"碗形"，如湖北博物馆馆藏天平铜吊盘（图4-18），圆口径7～8厘米，盘深约5厘米，下敛的圆底形态增加了天平衡器整体视觉形态的稳定感，盘内圆形承托空间不仅为砝码的环形结构形态提供了适称的置放方式，而且当环权置于盘内，"碗形盘"与"环形权"在形态设计中形成圆曲的盘壁面与圆弧的砝码轮廓线的结合部，体现了不同体、面间形态组合的柔和与协调。综上所述，"衡范式"权衡器具形态表现为各部分形态的对称和部分与整体形态的和谐。

三、"秤范式"权衡器具的形态设计

"秤范式"权衡器具的形态设计主要表现为杆秤形态特征。杆秤在形态设计上属于典型的非对称式平衡，整体造型非常简洁，符合现代设计的审美原则，从钻孔技术开始，人类最初所创造的视觉形态基本都是对称的，但随着人类认识水平的提高，人的视觉感知能力也在不断发展，由对称到均衡即是这种体现。对称给人的感觉严谨呆板，而均衡使人产生灵动多变的感性认识，而均衡的认知方式，与中国人的审美习惯更吻合，中国传统视觉艺术中对此有丰富的表达，如在绘画中尤其强调不对称形式的应用。这种审美习惯体现在杆秤的设计上亦是如此，它是杠杆原理与中国传统审美心理的巧妙结合。杆秤造型设计的整体形态是传统设计形态中美的样式，这种美的样式经一代代相传而形成固定的程式，在一代代流传的过程中并附加了历史的、民族的观念和想象，体现了传统美的意蕴和价值。"样式在这里专指那些蕴含传统文化的艺术形式，并因为程式化和代代相传而有普遍性。"[1] 传统器具的视觉形态的审美是一种传统美所蕴含的精神，这种精神是代代相传的审美形式的积淀，经过积淀的审美形式以固定的程式而传承。杆秤设计形态从视

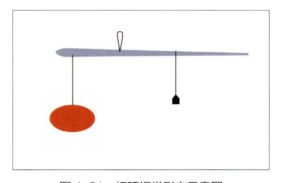

图4-31　杆秤视觉形态示意图

[1] 诸葛铠. 设计艺术学十讲. 济南：山东画报出版社，2006：96.

觉形式上蕴含了传统美的内在精神。当秤范式的造型设计稳定之后（图4-31），由于它在传统社会中被普及地使用和接受，从而它本身的整体形态成为传统社会中审美形式之一。

（一）秤杆形态设计

秤杆最初形态并不是前粗后细，而是由中间向两端渐细的形态，如元代壁画中的"卖鱼图"里的秤杆，纽的前端有相当长的一段杆，且秤杆形态从中间向两端递减渐细。随着杆秤形态设计的进一步成熟，提纽移至秤杆端首部位，秤杆头粗尾细形态的整体形态得以稳定。秤杆首端设提纽和秤钩，视觉重心落在杆秤中心偏上，杆首的粗体形态不仅能平衡视觉重心，避免头重脚轻，而且粗杆首既满足其使用功能，又符合人们的视觉审美习惯。如"苏州民国大秤"（图3-21）提纽处直径最大为3.6厘米，杆尾处直径最小为1.9厘米，在秤杆150厘米的范围内，其粗细变化范围为1.7厘米，杆首称重货物，必然承重较多，而杆尾只承陀重，故头粗尾细的秤杆设计既符合人们的视觉审美，又最大限度地满足使用功能。秤杆形态前粗后细的递减形态体现设计的多样性形式，这种多样性变化增加了形式美感，表达了形式的节奏感与多样性。"人都喜欢多样，讨厌单调……可是当眼睛看腻了不断的变化时，再去看那些在某种程度上单纯的东西，就感到愉快。甚至没有任何装饰，如果运用得当也会变得令人愉快的……请注意，递减也是一种多样性，也可以产生美。"[1]纵观人类设计的历史，前粗后细的杆状形态是人类较早掌握的设计形态之一，从自然形态上讲，树干下粗上细的杆状结构形态，就是前粗后细的杆状形态设计的"自然形态原型"。自然物体的形状是人类形态设计审美的源泉。"凡是不是来自自然物体的形状则必然丑陋，……一切美丽都建立在自然形状的法则之上。"[2]从人工形态上讲，早在原始社会人类就学会了给钻孔的石器装柄，手柄形态的设计就是前粗后细的杆状形态，再如捣物的杵杆也是前粗后细的形态（图4-32），前粗后细的手柄形态非常适于器具使用时的手持操作，从而其形态本身成为一种美的形式。秤杆形态设计选择了这样前粗后细的视觉形式，不仅有实用功能的原因，也有形式审美的因

---

① 威廉·荷加斯. 美的分析. 杨成寅译. 桂林：广西师范大学出版社，2002：49-50.

② 约翰·罗斯金. 建筑的七盏明灯. 张璘译. 济南：山东画报出版社，2006：91.

素，当前粗后细的视觉形式与方便秤砣滑动的功能达到"和谐"的境地，那么这种设计形态对于杆秤来讲就是最美的形态。正如荷加斯所讲"赛马用的马，其身体各部分的尺寸最适宜于快跑，因此获得了与它的特点相协调的美的类型。"①

秤星可以说是秤杆上的装饰形态，银白的星点与乌黑发亮的木秤杆，或者是黑色星点与牙骨质的骨白秤杆相配，秤星镶嵌为点状纹饰，形成权衡器具特有的装饰形态设计。装饰形态也有不同的层次，如与实用功能相关的装饰形态和与审美相关的纯装饰形态。秤星不仅有装饰功能，更重要的是兼具识别杆秤刻度的实用功能，所以秤星是具有实用功能的装饰形态。它既要承担刻度的功能，又兼具装饰秤杆，从一定意义上说，它既是功能形态，又是装饰形态。

图4-32 前粗后细的杆杆

（1）"识别设计"的功能形态，秤星在杆秤中的功能主要体现为当重物与秤砣平衡后，根据秤砣所在的秤星刻度直接读出物体重量，所以秤星的功能形态主要是"识别"，人的识别能力与大脑和视觉理解能力有关，"人的大脑是一个设计精妙，用于理解外部世界的器官。只需要提供一丝线索，大脑便会立即开始工作，对外部世界进行解释和理解。……设计优秀的作品容易被人理解，因为它们给用户（使用者）提供了操作方法上的线索，设计拙劣的物品使用起来则很难，……因为它们不具备操作上的任何线索。"②秤星的星状分布与形态，给大脑的识别和视觉的理解提供了相当容易的识别线索。秤星在色彩上与秤杆对比明显，而且秤星一般装饰为数字形纹饰，如"民用六十斤杆秤"秤星"15"就代表15斤（图4–33），数字形纹饰形态就是明显的识别线索。

① 威廉·荷加斯.美的分析.杨成寅译.桂林：广西师范大学出版社，2002：48.

② 唐纳德·诺曼.设计心理学.梅琼译.北京：中信出版社2003：3.

图4-33 秤星的数字纹饰

（2）"审美设计"的装饰形态，"星"的自然形态是模仿天上的星星而来，其点状形态正是"天星"的形态写照，秤星通过以点成线的造型设计，按照刻度单位的大小，如"半两"就采用一点星，"两"为两点的短线段，"半斤"为三点的长线段，点与线的相间分布，不仅增加了识别刻度的线索，而且长短相间的点线分布，构成了富有变化和多样的形式，具有明显的装饰效果。除点与线的分布以外，秤星还可以根据中国传统吉祥纹样，形成各种秤星造型的装饰形态。如"民国大秤"杆秤的秤星制作精细，纹饰巧美，星点排列设计组合有序，主要为"一""十""Z"字型排列方式，自刻度起始点每十斤为一个刻度单元，秤杆分17个刻度单元，"一百"和"二百"刻度处以如意花纹装饰（图4-34），框内刻写"壹百""贰百"，三十斤、五十斤、一百五十斤刻度处以秤星方式刻写"叁拾""伍拾""百伍"字样。如意纹、梅花纹、数字纹是秤星常用的装饰纹样。秤星装饰形态中秩序、对比、反复等装饰规律与人类装饰艺术形式具有趋同性，体现了人类装饰情感的一致性，正如苏珊·朗

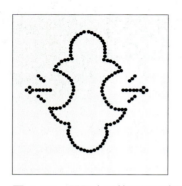

格所说："在装饰形式的结构中，变得显而易见的视觉原理，是艺术视觉的原理。可见因素借此从纷乱莫名的感觉中被突出，以符合生物的情感及其所达到的高潮，即人类层次上的'生命'，而不是像实际认知的事物那样符合名称的论断。"①

（二）秤砣形态设计

"秤范式"权衡器具的秤砣形态设计是在半球形"秦权"形态基础上变化而来。以南北朝"武

图4-34 民国大秤的秤星示意图

---

① 苏珊·朗格. 情感与形式. 刘大基等译. 北京：中国社会科学出版社，1986：74.

平铁秤砣"（图3-16）为例，魏晋南北朝时期是中国传统杆秤发展的重要时期，而且秤砣的基本形态设计也是在此时形成。"武平铁秤砣"是当时铁秤砣形态设计的代表，它对宋元秤砣基本形制的确立产生了重要的影响。该秤砣高5.3厘米，底径2厘米，重74克，砣身铭文"武平元年"。"武平"为北齐后主年号，应是北齐铁秤砣，秤砣整体形态呈葫芦形，与传统半球形的"权"比较，秤砣高度增加，整体形态拉长，视觉重心升高，而且砣身束腰形态的出现，加强了秤砣整体曲线线条的变化。从自然形态上讲，"武平铁秤砣"呈葫芦形，秤砣模仿了葫芦形态中部的腰。从人工艺术形态上讲，其细长的形态，柔美的线条，更像一个小型的人体雕塑（图4-35），而且非常接近南北朝的艺术风格和审美趋势，无论绘画还是雕塑"秀骨清相"都是当时人物形象的审美标准。"在人物形象上，当时的风格以清癯为主，这是南朝门阀士族大地主形象具体体现。"[①] 由此"武平铁秤砣"的形态设计体现了对南北朝艺术形态的模仿。无论从自然形态的模仿还是从人工艺术形态的模仿，"武平铁秤砣"形态设计的革命性变革是"束腰"形态设计的出现，这直接影响了此后宋元时期的秤砣形态。如宋代"熙宁铜砣"（图4-36）方纽圆孔，权身呈圆球形，整个圆球体分为五瓣瓜棱形，上部和底部饰有大小相间的花瓣纹饰，每片瓜棱形表面刻铭文三行。与北齐"武平铁秤砣"比较，"熙宁铜砣"的束腰移至底部，移至底部的束腰必然增加权的底座结构，因此宋元时期秤砣的整体结构形态更加完

图4-35　武平铁秤砣拓片图

图4-36　宋代"熙宁铜砣"

[①] 阎文儒. 中国石窟艺术总论. 桂林：广西师范大学出版社，2003：96.

整，元代的秤砣设计多为纽呈方形圆孔，权身呈束腰圆体或六棱柱体，底座呈环形台阶，环阶连接底座。元代的秤砣形态通过一层层环阶，整体视觉比例拉长。

戥秤的秤砣与日用杆秤的秤砣形态不同，戥秤秤砣的设计形态有方形、银铤形、鼓型、圆柱形、圆钱形（图4-37），从形态设计的角度讲，各类戥秤秤砣基本形态是正方形和圆形，在这两种基本形态的基础上加以拉长、压缩、旋转、切割、重叠等，是形态重组的结果。"在专业研究中，这诸多形态又可归为直线系和曲线系两类线型或以正方形和圆形为代表，在此基础上配列出各种各样系统的形。正方形和圆形是互为对比的形态。同时两者又具有规则、构造单纯的共性。将正方形作为直线系的出发点，圆形作为曲线系的出发点。两者的间系则增加由直线和曲线构成的诸多形态。"[①]在戥秤的秤砣形态中，方形、银铤形是在正方形基础上的旋转、拉长、切割后的重组形态，而鼓型、圆柱形、圆钱形是在圆形和球体形基础上的旋转、切割、重叠后的重组形态。同时以方体与圆体为基础的形态重组，能形成规整的结构形态。"戥秤"的储放方式置于戥秤盒内，所以"戥秤"秤砣的规整形态便于置放盒内。如图4-38中的戥秤及戥秤盒一套，戥秤杆细而长，秤盘圆而深，秤砣小巧，置于盒内，视觉抽象的点、线、面形态完整。加之戥秤盒为造型美观的琵琶形状，造型精巧的戥秤与形态优美的琵琶状秤盒组合在一起，形成戥秤整体形态之美。

图4-37　戥秤的秤砣

---

① 山口正城，冢田敢.设计基础.辛华泉译.中国工业设计协会,1981，转引自李砚祖.工艺美术概论.128.

（三）秤盘与秤钩形态设计

秤盘与秤钩虽然各有不同的形态，但两者同为杆秤的承物功能，秤盘形态是"衡范式"权衡器具中吊盘形态的演变，在秤范式器具中秤盘的形态包括圆盘形态和箕盘形态。圆盘形态为平底浅腹，盘沿穿孔系绳，如"温州盘秤"（图4-20）盘沿穿孔系绳，材质为白铁打制。白铁的物质形态呈银白色，比重较小，用来制作

图4-38　戥秤及戥秤盒一套

秤盘，重量较轻，适于杆秤的便携移动式称量。箕盘形态为一边敞口的盘形，箕盘形态的设计"原型"来源于日用器具——簸箕，考古上较早的箕形器为河姆渡文化遗址的"箕形器"（图4-39），"箕形器"的前部为敞口形，口长33.5厘米，后部为椭圆形，与后来的日用簸箕形态一样。无论圆盘形态和箕盘形态，其盘底均为平底且面积较大，与天平吊盘的圆底形态

图4-39　河姆渡文化的"箕形器"

比较，秤盘的盘底平且大，这是因为秤盘在盛装物品时或闲置时秤盘为平置状态，需要较大的接触面，而天平吊盘在使用或闲置时一直为悬吊状态，故而天平吊盘的形态为圆底深腹，而杆秤秤盘的形态为平底浅腹。

秤钩形态最初为"J"字形的单钩形态，如四川彭山出土的汉代秤钩（图4-40），后来发展为"W"形的左右对称的双钩形态，从单钩到双钩不仅是从不对称到对称的形态变化，而且这一对称的双钩在使用中便于钩挂更多的物品，并保持挂钩的稳定性。秤钩的最后形态是"S"形

图4-40　汉代秤钩图

的单钩形态，从左右对称的双钩形态变化为上小下大的"S"形单钩形态，使秤钩的上下连接功能与秤钩上下形态结构达到一致，不仅使用上更加方便，而且在视觉心理上达到统一。所以"S"形的秤钩成为最适合的秤钩形态。可见器具形态的发展并不是一开始就能找到合适的形态，而是在使用中不断改进与实践，最终达到器具形态与器具功能最完美的组合形式，就是最佳的器具形态。

通过对"衡范式"和"秤范式"形态设计的考察，可以看出由物理平衡到心理平衡是"衡范式"与"秤范式"权衡器具形态设计的差异所在。平衡状态本是一种物理现象，它的本意是指作用在一个物体上的各种力达到可以互相抵消的程度，我们说这个物体就处于平衡状态了。对于"衡范式"权衡器具设计，称量物体时天平两端的吊盘达到平衡的过程中，起初两个吊盘上下交替升降，最后在一个平衡的位置上稳定下来。当平衡稳定时，眼睛也就看不到物理力的作用了，这是物理平衡的过程。也就是说"衡范式"权衡器具视觉形态是建立在物理平衡基础上的对称平衡形态设计，其等臂的衡杆、对称的吊盘是视觉对称形态的结构显现，因此"衡范式"权衡器具的平衡形态是一种物理平衡。鲁道夫·阿恩海姆在《艺术与视知觉》一书中开篇就讲"视觉平衡"的原理，他为了说明"每一个视觉式样都是一个力的式样"的观点，以"一个正方形中隐藏的结构"为例，在一个正方形偏离中心的右侧置一黑色圆形，"在观看上述黑色圆形时，我们看到的不仅仅是它的位置，还看到了它具有一种不安定性。这种不安定性表现在，黑圆形好像具有一种要离开原来位置的趋势。更具体地说，这是一种好似要离开原定位置向着某一特定方向运动的趋势——举例说，向正方形中心运动的趋势。虽然黑色圆形永远被限定在原定的位置上，不能真正向某一方向运动，然而它也可以显示出一种相对于周围正方形的内在张力。这一张力，与上述所说的位置一样，并不是理智判断出来的，也不是想象出来的，而是眼睛感知到的。"[①]这即是鲁道夫·阿恩海姆所说的"心理力"或"知觉力"。按照鲁道夫·阿恩海姆的"力场理论"，在某一特定的视觉式样或视觉形态中，"只有当外物的刺激使大脑视皮层中的生理力的分布达到可以相互抵消的状态时，眼睛才能经验到平衡"。[②]这种平衡就是视觉心理平衡。根据鲁道夫·阿恩海姆

---

① 鲁道夫·阿恩海姆. 艺术与视知觉. 滕守尧译. 成都：四川人民出版社，1998：3.
② 鲁道夫·阿恩海姆. 艺术与视知觉. 滕守尧译. 成都：四川人民出版社，1998：14.

视觉心理平衡理论，"秤范式"权衡器具形态是视觉平衡的形态设计，秤杆前粗后细的尺寸递减，支点秤钮置于杆首，一端钩挂较重的物体，另一端是悬挂较轻的秤砣，结构的非对称形式，通过秤杆粗细的变化加以均衡，达到视觉重心的平衡形态设计，这就是"秤范式"权衡器具基于视觉平衡的设计形态"所谓'视觉重心'和力学的重心不同，是知觉的重心感，在空间关系上与量（体量大小、面积大小）有关，与质的关系不大。"[①]因此"秤范式"权衡器具的平衡形态是一种视觉心理平衡。所以从物理平衡到心理平衡是"衡范式"与"秤范式"权衡器具视觉形态设计的差异所在。

第三节
中国传统权衡器具的工艺设计

中国传统权衡器具从它诞生之日起，便与国家政治经济制度密不可分，夏商周三代权衡器具作为政权的象征"藏于王府"，秦汉帝国统一的权衡器具和制度成为衡量帝国统一的尺度，唐宋时期权衡器具尤其杆秤设计得到不断完善，刘承珪设计了相当完善的"戥秤"，制秤者却是官营的手工匠人，直至明清，传统权衡器具发展至"一贩一秤"的日常民用器具，民间手工制秤才普遍盛行。从"藏于王府"到"一贩一秤"的发展是传统权衡器具从政治化、权威化向民用化、生活化、日常化的设计演变。传统权衡器具作为民用器具的成长过程中，与材料、工具、工艺技术相关的

---

① 诸葛铠. 设计艺术学十讲. 济南：山东画报出版社，2006：161.

工艺设计成为传统权衡器具设计的重要内容，尤其民间杆秤的制作体现了中国传统手工造物设计的创造智慧。

一、中国传统权衡器具工艺设计与科技的关系

传统工艺设计与科技发展本应是共生和共同发展的，但是在中国传统器具设计中，科学技术往往掌握在文官为主体的知识分子手中，民间工匠则是以实践为依据掌握器具设计和制造的工艺设计。由于中国传统知识分子的特殊地位，科学与设计的关系并不是上述所说的共生和共同发展的关系，也就是说在中国传统社会里，科学研究的学者是文官为主体的知识分子，科学的实践是以经验为主体的工匠艺人。中国传统社会中知识分子与手工匠人的地位落差，造成了官方科学研究与民间造物实践之间的分离，使得科学理论与科学实践分离，也造成了科学技术与器具设计间的鸿沟，形成了中国科学技术实践的"经验特征和工匠主体"，因而传统权衡器具设计也表现为科学的理论知识与权衡器具工艺设计的非同步性，中国传统权衡器具的工艺设计，主要是以实践为主体的民间工匠的经验积累和创造。

墨子可以说是春秋战国时期的科学研究型"学者"。《墨子》一书中详细载有杠杆原理的科学知识，"衡加重于其一旁，必捶（垂），权重相若也相衡。则本短标长，两加焉，重相若，则标必下，标得权也。"这是中国关于不等臂杠杆应用的最早记录。尤其是其对不等臂原理的阐述，不仅详备而且把等臂与不等臂的两种杠杆情况都说清楚了。那么为何墨子的记载在前，而杆秤的发明与实用却滞后许久，这是由于中国知识分子阶层的特殊地位所造成，"墨子姓墨名翟，当为春秋时鲁国人，即今山东滕州市。乃是宋襄公之兄的长子目夷的后代。"[①]根据记载墨子当时的社会地位不高，但它属于贵族的后代，而且在当时能著书立说，收教弟子，想必不是一般的工匠艺人。而真正的工匠艺人都是基层百姓，他们又有几人能研读《墨子》呢？

正是由于中国传统社会中官方科学研究与民间造物实践之间的分离，造成了中国传统知识分子与手工匠人的地位落差，使得科学理论与科学实践的分离，形成了器具设计制作工艺滞后于科学研究的历史原因。这就是为何墨子的记载超前，而杆秤的发明与使用却滞后许久的原因。而西方古典文献中也有关于权衡器具的记载，

---

① 墨子. 北京：中华书局，2007：3.

如西方罗马帝国的建筑理论家维特鲁威在其《建筑十书》中也记载了两千多年前罗马帝国的杆秤使用情况："这一事实从特鲁提那——也称作斯塔忒剌厄（书中注释特鲁提那和做斯塔忒剌厄都是指有秤盘的杆秤）——可以考察。实际上，把作为中心的秤纽放在接近于吊挂秤盘的端部，把秤锤放在秤杆的另一侧，通过各点的移动，到尽可能长的地方即端部为止，这时用量小而无可比较的秤锤就可使很大的重载由于秤杆的水平取得平衡。这样，只要远离中心，量小而轻的秤锤也可以把重大的力作用在重载的移动上，从下往上平稳而不猛烈地（把重载）提升起来。"①其实维特鲁威在书中并不是为讲述杆秤的使用情况，而是以杆秤的使用为例，形象地解释建筑中利用杠杆提升建筑材料的机械原理，显然杆秤在当时是广为使用的。根据考古出土的器具实物资料，古罗马的青铜杆秤设计相当精致（图4-41）。显然杆秤在公元前后的罗马帝国已相当普遍地被使用。

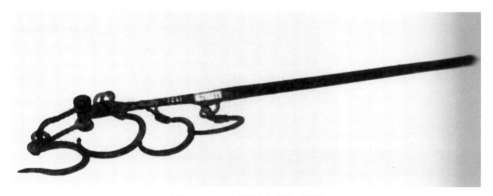

图 4-41　古罗马青铜杆秤图

从以上比较中可以看出中国的杆秤器具设计和使用滞后于科学研究。根据史书的记载，宋代刘承珪已经研制相当成熟的"戥秤"技术，为何中国杆秤经元代至明清才真正普及为广大百姓的日用之物？究其原因是中国知识分子阶层特殊的身份地位有关。"中国的知识分子是和农业联结在一起，是和国家机构联结在一起的，是和社会的统御机构联结在一起的，却不与专业的知识联结在一起，尤其不和实用的知识联结在一起，这样的知识分子和文官体系不能分开。"②正是由于中国

---

① 维特鲁威. 建筑十书. 高履泰译. 北京：知识产权出版社，2001：270.
② 许倬云. 中国古代文化的特质. 北京：新星出版社，2006：78.

知识分子阶层的特殊结构成分，以及在社会阶层中的特殊地位，没有形成"自由职业性"的知识分子阶层，科学理论研究与总结不能与科学知识的实际运用相结合，所以中国科学技术有明显的经验科学特征，而且这些经验科学的创造者是广大的手工匠人，真正的知识分子却与此是疏离的，这是中国传统手工造物的工艺文化特点。

因为刘承珪官至"监内藏库、崇仪使"，其身份是宋代的宫廷大臣，可算是当时真正的高级知识分子阶层，他的特殊社会地位，决定了他研究"戥秤"的目的不是为了推广致用，而只是为中央政府检测度量衡之用，刘承珪的关于权衡器具的科学研究是与文官政治制度联系，而不是与普通百姓的日用民生相联结。所以这种器具设计的成果长期存于"王府"，直至元代，民间日用杆秤仍然十分粗陋，这从元代壁画《卖鱼图》（图3-18）中的杆秤可见一斑，中国古代科技一直走在世界科技的前列，雄厚的科学研究本应是器具设计制作的技术基础，而实际上中国传统器具设计的科学技术知识几乎来自工匠艺人的实践基础上的创造，而很少由知识分子阶层的科学研究推动器具设计的进程。

可见，中国传统权衡器具的官方科学研究与实践和民间手工制作之间是断裂的，或者说不是先后上下的同步关系，所以传统权衡器具的工艺设计的主要内容为民间工匠的经验积累，这是中国传统权衡器具工艺设计的基本特点。

二、中国传统权衡器具的工艺设计

传统器具设计与现代产品设计的根本差异在于设计制作方式的不同，如果说现代产品设计是流水线生产方式的设计，那么传统器具设计则是手工生产方式的设计，不同的设计方式体现了不同的工艺制作。"在长期的设计和造物实践中，形成了人们对造物和设计的共性要求，一条既反映着人类设计创物的本质目的，又遵循于客观自然条件和社会自然条件的基本准则——实用、经济、美观。"[1]在传统器具设计中，实用、经济、美观的设计三原则是通过手工制作器具的工艺过程而实现的，并协调三者之间的关系。所谓"工艺设计"是指综合运用工艺材料、专用工具、工艺技术、工艺程序等要素，手工设计制作器具的过程。传统权衡器具的工艺设计侧重民间艺

---

① 李砚祖. 工艺美术概论. 北京：中国轻工业出版社，1999：144.

人手工制秤的工艺内容。作者通过田野调查的方法，走访了江苏东台市东亭街制秤艺人夏松琴①和浙江金华制秤艺人施华山②。调查了民间制秤的工艺设计。传统杆秤的工艺设计主要体现在工艺材料、关键工具以及工艺技法等三个方面。

（一）工艺材料

中国传统工艺设计是从工艺材料的选择开始的，《考工记》载："天有时，地有气，材有美，工有巧。合此四者，然后可以为良。"③所谓"材有美"就是工艺材料选择的原则，自然材料在没有被工匠艺人选择之前，只是具有自然属性的客观物质，一旦经过工匠的选择后，自然材料就上升为工艺材料，自然材料和工艺材料之间的不同在于有没有经过人为的选择过程，经过选择后，人的创造性与主动性赋予自然材料之上，根据其自然属性决定"物尽其用"，这一过程就是工艺材料的选择。传统杆秤制作的工艺材料主要有木质秤杆材料、包角铜皮、秤星材料等。

秤杆的主要材料为木质材料。权衡器具的臂杆材料在不同的权衡器具类型中，在不同的历史时期，一直在变化和发展，秤杆选择木质材料是由杆秤的设计特点决定的。最早的"楚衡"衡杆材料为青铜，在汉代"婴家钱衡"的衡杆则为竹质，根据出土资料显示汉代晚期已经出现的木秤杆的痕迹④。可见权衡器具的臂杆材料从青铜到竹质，是根据设计需要选择不同的材料。杆秤的不等臂设计使得力臂增加，秤砣减轻，除秤杆提纽处以外，秤砣移动区域受力较小，与"衡范式"权衡器具比较，杆秤这一设计上的变化，使得秤杆可以选择质量较轻的木质材料。除了常用的木质材料以外，在小型戥秤的制作中也有选择骨牙材质，骨牙材质相对于一般木质材料，更加牢固且更具审美价值。宋代已经能制作三纽的精致戥秤，戥秤的适用范围是贵

---

① 夏松琴原是江苏省东台市衡器厂的职工，十几岁便随父亲学习制秤工艺，后来由于衡器厂歇业，夏松琴下岗待业，于是就在街头以制秤为生，专门为他人订做杆秤。
② 施华山是浙江永康人，十几岁便拜师学制秤手艺，二十世纪八十年代到江苏吴县开设秤店，经营至今。
③ 戴吾三.考工记图说.济南：山东书报出版社，2003：20.
④ 1984年陕西眉县出土了重225克的铁权一枚，同时伴有长6厘米的"W"形铁秤钩和大约长30厘米的圆柱状木质朽痕出土，很可能这是墓主人生前使用过的一套完整的木杆秤。参见：丘光明，丘隆，杨平.中国科学技术史——度量衡卷.北京：科学出版社，2001：249.

重金属和中药，所以秤杆的承重更轻，故而广泛采用骨牙材质。晶莹的象牙材质是戥秤杆的主要材料。

根据杆秤设计的需要，既要材质轻，利于杆秤移动测量的便携式设计，又要能承载一定的重量，故而木质材料中的硬木材料成为首选。最适宜的硬木种类有红木、乌木、橄榄木等（图4-42），木质材料要求晾干后，性质稳定、无胀缩，不易开裂、材质较硬，木纹顺直、日晒雨淋不易变形，车旋及磨光性能好。任何材料都有其自身的规定性，在工艺设计中人们必须在把握材料内在规定性的基础上，才能在器具设计制作中有创造性地发挥。这是对待材料的主动态度。材料的内在规定性是材料的自然属性与自然规律，人们必须适应它、把握它，在把握其内在规定性的基础上利用、改造它，使其为造型、成型、制器服务。工匠把握物质材料的自然属性与自然规律，进行有目的地设计制作，并根据不同的材料形成不同的工艺规范。"所谓工艺规范，实际上是工艺材料与工艺技术和工艺过程的一种限定。如加工木质材料，使用锯、刨、凿、钉等工具用具进行锯、刨、凿、榫、钉等工艺制作，加工玉石，就必须采用与玉材相应的琢、磨、研等工艺和工艺方法。"[①]在材料的工艺属性上，木质材料作为制秤的主要材料比青铜、象牙等材质易于加工。

图4-42　木质秤杆原材料

---

① 李砚祖. 工艺美术概论. 北京：中国轻工业出版社，1999：100.

　　杆秤的设计制作中秤杆的木质材料与秤钮与秤钩的铁质构件是两种性质截然相反的材料，木质材料柔软、轻巧，铁质材料刚硬、笨重，两种性质不同的物质材料同时出现于一件器具中，首先分出材料的主次关系，在杆秤制作中，秤杆的木质材料为主要材料，秤钮与秤钩的铁质构件为辅助材料。在明确材料的主次关系基础上，设计制作中次要材料要服从主要材料，其次寻找两种材料联结的关键节点，在权衡器具的杆秤制作中，卡子是铁秤钮、秤钩与木秤杆联结的关键节点，在秤杆上打进一根长3～4厘米的铁条，再以铜皮裹之使牢固，卡子两端的圆孔直接套进铁条的两端（图4-43），通过可以自由活动的"卡子"结构，增加了铁秤钩、秤钮的柔软度与活动性，从而使铁质材料与秤杆的木质材料达到感觉的一致与视觉的协调。在材料的价值属性上，木质材料作为制秤的主要材料比青铜、象牙等材质的价值属性优越。价值属性是工艺材料的经济性表现，青铜、象牙等材质是趋于贵重的材料，而木质是趋于便宜的一般材料，如果材料贵重，必然使整个器具的造价增加，器具的造价是衡量一件器具能否普遍使用的尺度，成本高的材料必然影响器具的普及，所以杆秤选择易于获得的一般材料——木材，其制作成本相对较低，售价不高，故而杆秤能成为传统社会中千家万户必备的生活器具。

图4-43　连接木秤杆与铁配件的卡子

秤砣、秤钩和秤纽为铸铁制作，秤砣是民间铁匠打制，秤纽为机制铁件，从权衡器具的历史发展来看，金属材料在不同时期的变化十分明显，在春秋战国时期，由于铁还没有普遍使用，所以"楚衡"无论衡杆还是环权都是青铜材料，铁权广泛出现于秦汉时期的秦权、汉权，至宋元时期，尤其是元代的秤砣广泛使用的材料又选择了青铜，所以宋元时期出土了大量的铜秤砣。明清时期还有许多瓷秤砣（图4-44）、玉秤砣，如"新疆玉秤砣"（图4-45），但是历代秤砣多以金属材料（铜、铁）为主，近现代多采用铁秤砣。金属材料的自然属性是比重较大，同样单位的重量，金属的体积要小得多，因此最适宜秤砣的材料还是金属质地的铜或铁。而秤纽和秤钩选择铁质，则是因为金属的牢固属性，秤钩是杆秤承挂物体的构件，秤纽是手提肩扛的操作部位。构件的功能要求必须结实牢固，耐磨损，铁质材料是最好的选择。同时铁质材料比铜质材料的价值属性有优势。所以秤砣、秤钩和秤纽以选择铁质材料为主。

图4-44　瓷秤砣　　　　　　　　　　　　　　图4-45　新疆玉秤砣

铜皮主要用于秤杆首尾部的包裹和秤纽、秤钩的紧固。在中国传统木制家具以及其他小件木制品中，广泛使用铜皮包裹角、边等部位，称作"包角工艺"，如传统算具——算盘，在算盘框架的四角和横梁两端均有铜皮包角（图4-46）。铜皮包角作为工艺材料：一方面具有实用功能上的意义，因为中国传统木制工艺多为榫卯结构，边角部位包上金属铜皮，具有紧固和保护边角不易磨损的作用。另一方面具有审美功能上的意义，榫卯结构的边角以直线条为主，棱角分明，加上各色造型优美的铜皮包角，增加了边角部的曲线美。同时木材的天然肌理与铜皮金属质地的光亮色泽形成不同材质的对比。用于秤杆首尾部的包裹和秤纽、秤钩紧固的铜皮一般为厚度1毫米左右的黄铜皮，黄铜的质地较软，杆秤是圆杆结构，铜皮包裹需要易于切割的黄铜皮。

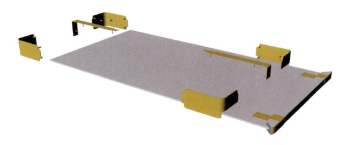

图 4-46　算盘的铜包角

（二）关键工具

　　传统器具的制作主要靠手工操作，因此每一类器具制作都有其整套的专用工具。中国传统工艺精深细致，在当时生产力和科技制作工具的局限下，不可能每一项工艺都能有完全配套的工具，艺人独创或自制工具成为中国传统工艺的必备能力，因此不同的器具品类往往有独有的工具，这些手工制作的工具本身就是独特的器具创造性设计，体现了传统工艺的造物智慧，有些工具的创造性思维，对今天的器具设计仍有借鉴意义。正如孔子所说："工欲善其事，必先利其器。"[1]锋利的工具是器具制作工艺的物质技术基础。制秤工艺有很多工具，可以分为一般普适的工具和专用的特色工具，专用的特色工具是制秤的关键工具。主要有陀钻、弓步、弓锯和画线笔。陀钻是用来钻秤星孔，根据孔的大小更换不同的钻头。弓步是用来分割秤杆上秤星的距离。弓锯是用于锯割秤杆的刀口，而画线笔是专用于在圆秤杆上画直线的工具。

　　陀钻是一种古老的钻孔工具，在制秤工艺中是用来钻木秤杆上的星孔和其他孔隙。陀钻的主要结构有钻头、钻柄、钻陀、拉杆（图4-47）；陀钻的设计原

图 4-47　陀钻结构示意图

标注：钻陀、拉绳、竖轴、横轴、钻头

① 论语正义·卫灵公十五. 诸子集成（一）. 北京：中华书局，2006：337.

理是利用钻驼旋转的惯性，带动钻柄旋转。钻头在使用过程中，根据所钻孔隙的大小更换不同的钻头。如夏松琴做秤星时钻孔用的砣钻（图4-48），钻杆用硬木制成，长40厘米，直径2厘米，分上下两节，此种陀钻钻头细小，适宜于钻秤星小孔。

"弓步"（图4-49）是杆秤制作中特有的工具，其结构设计相当简单，由活枢固定大小相等的两片"弓叶"组成，其形态类似剪刀的两片刀叶。"弓步"的设计由其名称就可以看出它仿生学设计的意义。大小相等的两片"弓叶"就像人的两条腿，人们经常用步丈量长短，此设计就是模仿人步丈量长短的生活经验而设计，用来平均分割秤杆刻度上的距离，非常方便。"弓步"是杆秤艺人自己设计制作的专用工具，其巧妙的设计体现了传统器具设计的智慧。

图4-48　钻秤星孔的陀钻

（三）工艺技法

据制秤老艺人讲，传统手工制杆秤从选材到制作完成一般有100多道工序，

图4-49　弓步

主要有看秤杆、做刀口，定刻度，做秤星、擦油等步骤，其中做秤的关键工艺为做刀口和秤星，一杆秤的好坏决定在刀口和秤星的功夫上。具体的工艺技法需经过合理的工艺程序才能进入工艺制作的过程，工艺程序的安排就是制秤艺人根据工艺的内在要求和逻辑的先后顺序，呈现技艺的工艺程序，使得每一道工艺链接为系统性的、整体性的程序过程。颠倒了任何一道制作工序，就会直接影响下一工序的进展，因此下面将按照制作工序叙述各工艺技法。

（1）刨秤杆：秤杆的制作从木作工种上讲本是小件圆木作，圆木作起源较早，而且形成专业的工具，"从夏时木车制造技术以及青铜工具的出土情况来看，当时已有了专业的木工——车工"[1]据作者田野考察，当代制秤艺人已经不多，而且他们的制作工序很多已经简化，秤杆一般是从衡器市场购买加工好的圆木杆。如东台夏松琴师傅的秤杆从南通购得，而施华山师傅的秤杆是从浙江金华永康衡器市场购得[2]。按照传统制秤工艺，制秤的第一步为"刨秤杆"，秤杆的木料较硬，原始木料呈方形或不规则形状，需要以木工专用刨刀，一般需要几次刨制才能加工成前粗后细结构均匀的秤杆。据施华山师傅讲"刨秤杆"的工艺关键在于粗细变化的均匀把握。不能前头太粗，也不能后头太细，关键是均匀的粗细变化。

（2）浆秤杆：用过杆秤的人都知道木质杆秤的秤杆颜色呈黑褐色，与银亮的秤星颜色形成强烈的对比。杆秤所用木料的本色为红褐色，秤杆的表面没有刷油漆，制秤艺人如何将红褐色的木杆变成黑褐色呢？说起这门工艺，施华山师傅讲不同地区的工艺有些区域差别，但是基本上是采用碱性材料涂刷在木杆表面，使其发生一定的化学变化。据施华山师傅讲，主要的工艺是用石灰水调浆涂抹秤杆。具体工艺方法是先用石灰和水搅拌成糊状的石灰浆，石灰浆里再添些盐，然后用调好的石灰浆涂抹在秤杆表面，涂好之后用不透气的尼龙布或塑料薄膜把秤杆包好，放置48小时左右，再用清水冲洗干净石灰浆并晾干，经过上浆后的秤杆颜色，由本来的红褐色变为黑褐色。

（3）定三点：制秤的关键工艺在于定准秤钩（重点）、秤纽（支点）和秤砣尾点（力点）三点的位置。杆秤的三点定位类似空间坐标的定位，只有这三个重要的点确定之后，才能定星位。定三点的具体步骤分三步：第一步画天线，用铅笔画秤杆朝天面之线和朝地之线，以确定刀口位置和秤星面，天面线和地面线一定要笔直，只有这样提纽和秤星才能保持在同一平面上，秤杆为圆形，要在圆形物体上画一条笔直的线，必须使用特殊的画线笔（图4–50）。第二步"弓步"定位，在秤杆的首部根据秤杆的具体长度留出2～4厘米的距离，选一点为"重点"，做秤钩卡，确定"重点"后，再根据秤砣和秤杆的比例，选定"第一纽"的位置即"零点纽"的定

---

① 李浈. 中国传统建筑木作工具. 上海：同济大学出版社，2004：33.
② 浙江金华永康衡器市场是全国最大的衡器器材市场，各种型号、各种材料的秤杆均有出售，而且制秤的各类小配件应有尽有。

位。杆秤的最大称量是根据秤杆的长
度和秤砣自重决定，秤杆的长度和
秤砣自重有统一的行业标准（见附
录二），如最大称量20斤的杆秤需要
1斤（500克）的秤砣配置60厘米长

图4-50　画线笔

的秤杆长度。20斤的秤零点纽的末称量为5斤，按照1斤的秤砣，自零点纽用"弓
步"量五步至秤杆尾部即可确定零点纽和秤砣尾点的位置。以此类推，最大称量纽
也按照这个方法确定点位，只是最大称量纽的首称量与零点纽的末称量要相互衔接，
即零点纽的末称量为5斤，那么最大称量纽的首称量也要5斤。这样秤钩（重点）、
秤钮（支点）和秤砣尾点（力点）三点的位置就确定下来，第三步做刀口：在画好
的线面上确定刀口的位置，使用小锯，根据卡口的大小锯一道刀口，刀口的关键要
与相应天面线和地面线保持在同一水平线上，锯好道口后，打入装卡子的小铁条，
然后在刀口处包裹铜皮，最后连接卡子（图4-51）。

图4-51　做卡子口

　　（4）做秤星：做秤星之前先要用标准砝码校秤，制秤艺人一般有官方计量管理
机构发给的标准砝码（图4-52），校秤时要扣除秤钩、秤杆本身的重量，因此零点
纽与零刻度并不重合为一点，零刻度要稍后一点距离。校秤的过程就是把杆秤上的

图 4-52　标准砝码

刻度画出来，然后再标记的刻度处，打孔钉秤星。做秤星的工艺原理类似中国传统
工艺中的镶嵌工艺。主要方法有两种：一种是擦秤星粉，另一种是嵌金属丝，根据
田野调查，江苏东台市东亭街制秤艺人夏松琴以擦秤星粉的方法做秤星；而浙江金
华制秤艺人施华山以嵌金属丝的方法制作秤星。第一种擦秤星粉的方法：先在秤杆
上钻孔，钻孔工具为砣钻，钻孔时钻杆要保持垂直，按孔眼位置找出中心，方向不
能有偏斜，动作要协调（图4-53）。钻好孔之后再腻平秤杆，因为白坯秤杆的表面
有木材本身的管孔以及许多裂纹，如不处理，擦星过程中，会造成这些管孔和裂

纹处也出现"假秤星"，因此要先将
秤杆腻平，再擦秤星。腻子一般采
用粘度中性的稠厚泥糊。最后是擦
星，秤星粉材料为锡和水银以1.5∶1
的比例，熬制为粉块状的星粉（图
4-54），在打好的星孔上擦星（图
4-55），擦星时要在打孔处来回涂擦
数次，直至星孔擦满星粉。第二种
嵌金属丝方法：首先也是用砣钻打
星孔，孔深根据金属丝的粗细情况，

图 4-53　钻秤星

一般5毫米左右，金属丝的选择以铜丝、银丝最佳，其次是铝丝，因为铜丝、银丝、铝丝的质地较软，易于切割。以金属丝插入孔内，用利刀切割，再用刀背敲平整；最后用磨石将金属丝磨平。无论是星粉还是金属丝，都呈光亮的银色或金黄色，与秤杆的黑褐色形成强烈对比，秤星的工艺设计体现了识别设计的视觉差异性。

图4-54 秤星粉

图4-55 擦秤星

（5）擦油：用碱性物质材料浆过后的秤杆已经呈黑褐色，做好秤星后，再用机油或食用油把秤杆擦洗一遍之后，秤杆就呈现黑亮的褐色。此时与秤星的银亮色更加协调，光亮如新。这是制秤的最后一个步骤，一杆新亮的杆秤就制作完成了。

通过以上对传统手工制秤工艺的阐述，我们可以看出传统器具的工艺制作的文化价值在于其"心手相连"的技艺方式，"手与机器的根本区别在于，手总是与心相连，而机器则是无心的。所以手工艺作业中会发生奇迹，因为那不是单纯的手在劳动，背后有心的控制，用手制造物品，给予劳动的快乐，使人遵守道德，这才是赋予物品美之性质的因素。"①可见工艺之美在于心手相连的制作技艺，传统杆秤的制作从秤杆到秤星全部过程均为纯手工操作，体现了心手相连的技艺方式。科技日益发展的今天，机器或许能够制造比手工制品精致百倍的现代产品，但手工艺品的价值尺度与机器产品的价值尺度不同，传统器具的手工制作工艺是传统器具价值的重要体现。心是手工艺人的主观意愿，体现工艺技法中人的主动性，手是艺人对材料的把握，对工具的使用，体现人与材料、人与工具的关系，"心手相连"是工艺技法中主体与客体的哲学辩证关系，在传统杆秤的工艺制作流程中人与工具、人与材料、人与技术始终保持完整的统一，如制秤艺人对秤杆木料性质的把握恰到好处，对秤星粉的调兑，随冬夏温度的变化而增减水银和锡的比例等等，制秤艺人只需用手指轻轻一拈便知用锡的多少，这不是简单的配制比例问题，而是心手相连的物我境界，是工艺技法中人与物的和谐统一，这也是中国传统器具工艺设计的价值所在。因此从设计艺术学的角度讲，中国传统权衡器具的工艺设计是工艺技法中人与物的和谐统一，是心手相连的物我境界，体现了传统器具设计中工匠艺人对物与人的主客体关系的把握。这种把握来自长期的器具设计经验，这种设计经验就是器具设计的文化传统，并伴随传统器具设计的历史传承不殆。

本章从中国传统权衡器具的结构设计、形态设计和工艺设计三个方面阐述传统权衡器具的本体设计的特征。通过对权衡器具各结构部分的设计分析，可以看出"秤范式"设计与"衡范式"设计因结构之不同，而有不同的使用方式和不同的效用维度，"秤范式"权衡器具有便携带、量程宽的称量特点以及连续式的测量数据等结构设计的优点，这是"秤范式"权衡器具成为中国传统权衡器具结构主体的原因所在。通过对"衡范式"和"秤范式"形态设计的考察，"衡范式"权衡器具视觉形态是建立在物理平衡基础上的对称平衡形态设计，其等臂的衡杆、对称的吊盘是视觉对称形态的结构显现。而"秤范式"权衡器具形态是视觉平衡基础上的不对称平衡形态设计，秤杆前粗后细的尺寸递减，支点秤纽置于杆首，形态的非对称形式，

---

① 柳宗悦. 日本手工艺. 张鲁译. 桂林：广西师范大学出版社，2006：3.

通过秤杆粗细的变化加以均衡，达到视觉重心的平衡形态设计，因此"秤范式"权衡器具的平衡形态是一种视觉心理平衡。通过对传统手工制秤工艺的阐述，我们可以看出传统器具工艺制作的文化价值在于其"心手相连"的技艺方式，在传统杆秤的工艺制作流程中人与工具、人与材料、人与技术始终保持完整的统一，合理的结构设计成就了其适合中国传统社会使用的日常器具，完善的形态设计成就了其传统器具审美的价值，而精巧的工艺制作成就了其中国传统器具设计的工艺之美。因此中国传统权衡器具合理的结构设计、完善的形态设计以及精巧的工艺制作是其本体设计的根本性体现。

第五章

中国传统权衡器具的设计文化

　　设计文化是特定器具形式与特定文化模式相互影响的结果。器具设计通过与现实生活相连接，实现其物质效用的价值。因此器具与生活的关系密不可分，它们互相影响，形成互动的关系。一方面，器具进入生活，通过使用方式，影响着人们的生活方式。另一方面通过生活方式，器具进入人们的精神和观念领域，从而影响社会文化，形成器具的设计文化。中国传统权衡器具的设计文化具体地讲，直接表现为三点：其一直观与精确——中国传统权衡器具设计的量物思维与科学精神，这一点是中国传统权衡器具设计与智能文化之间的互动关系；其二标准与秩序——权衡器具设计的标准化与传统社会秩序的关系，这一点是中国传统权衡器具设计与传统制度文化之间的互动关系；其三公平与价值——中国传统权衡器具设计中的价值观念与伦理道德，这一点体现传统权衡器具设计与中国观念文化之间的互动关系。

第一节

传统权衡器具通过生活方式形成设计文化

一、器具通过生活方式形成设计文化

在当代叙述中，"文化"是使用最为频繁的词语结构。关于"文化"的理解很多，解释"文化"的书籍层出不穷。从泰勒的《原始文化》[①]到马林诺夫斯基的《文化论》再到中国学者司马云杰的《文化社会学》、陈华文《文化学概论》……在每一本涉及"文化"的书中，大多作者都是罗列并评价前人关于文化的众多概念，然后自己再给文化下一个定义，因此一个奇怪的现象就是：关于文化的定义越多，人们对文化的概念越迷惑。对于这样的难题人类文化学家威廉·A.哈维兰这样解释："为了获得有关人类行为的有效的理论，一个人必须从客观的、又尽可能不受文化束缚的假说开始。而这里有一个重大的——有些人会说不可克服的——难题：在一种

---

① 1871年英国学者爱德华·泰勒在《原始文化》一书中，第一次把文化作为一个中心概念提了出来，并将它的涵义系统地表述为："文化，或文明，就其广泛的民族学意义来说，是包括全部的知识、信仰、艺术、道德、法律、风俗以及作为社会成员的人所掌握和接受的任何其他才能与习惯的复合体。"（爱德华·泰勒. 原始文化. 连树声译. 桂林：广西师范大学出版社，2005：1.）

文化中长大的任何人都难以提出不受文化束缚的关于其他文化的假说。"[1]也就是说给文化下定义的学者难以超越自身文化传统的背景，所以不同文化背景的学者有自己不同的文化定义。中国文化研究学者陈华文也有类似的解释："我们之所以很难取得一致的文化定义，就是因为受着传统文化概念的影响，而这种文化概念的形成又有着自身的历史背景与学术背景。"[2]尽管关于文化的概念没有定论，但并不影响人们从各种角度思考各类文化现象。

设计文化是文化中的一类，它是从设计艺术学的研究角度思考设计与文化的关系。一般人类学从文化形态上把文化划分为器物文化、观念文化和行为文化，从这个角度上讲设计文化属于器物文化。尽管人们给文化分类，实质上各类文化是一个相互影响的整体。设计文化是特定的器具形式与特定的文化模式的相互影响的结果，生活方式是器具设计与文化的链接中介。器具必须进入生活，才能完成设计的最终目标。器具通过走进现实生活，实现其物质使用的价值。没有进入生活的器具不能成为真正的器具，也不是完整的器具设计。因此器具与生活的关系密不可分，它们互相影响，形成互动的关系。一方面，器具进入生活，通过使用方式，影响着人们的生活方式。另一方面通过生活方式，器具进入人们的精神和观念领域，从而影响社会文化，形成器具的设计文化。器具设计不仅设计了具有实用功能的器具，也同时通过器具的使用，设计了一种生活方式。而特定的生活方式反过来又塑造新的观念和文化，使器具设计进入社会文化领域。由于地域的不同和文化的差异，形成了丰富多彩的器具世界，同样担当衡量器具的功能，西方文化中多用天平，而东方文化则多选择杆秤，可见器具的形式不唯取于其功能，需要层次的不同、文化的差异、地域的特色等，都是影响器具视觉形式的重要因素。也就是说一件器具的视觉形式不能简单地参考其外在形式来解释，其视觉形式的背后一定有历史社会、文化心理、地域差异等方面的缘由。正如亨利·佩卓斯基在《器具的进化》中所讲："真正决定器具形式的是使用者所发现的缺点。发现缺点后不断改进功能，不同地区、不同的人所观察和注重的缺点不同，改进的方法也各异。因此不同的文化产生不同的器具，即使像餐具般简单的器

---

① 威廉·哈维兰. 文化人类学. 上海：上海社会科学院出版社，2006：23.
② 陈华文. 文化学概论. 上海：上海文艺出版社，2001：11.

具也没有单一的形式。"①佩卓斯基只说了文化对器具形式的影响，其实器具与文化的关系即设计文化的内容包含互相作用的两个方面：一方面是文化影响着器具形式的选择，另一方面器具的使用塑造着文化的品格。因此设计文化是特定的器具形式与特定的文化模式相互影响的结果，而生活方式又是器具设计与文化相互链接的中介。

在中国传统社会生活中，权衡器具仅是众多生活器具的一员，谈及其设计文化，从传统权衡器具设计之源，历代政治上的权衡制度、经济上的小商品交易到日用生活中民众必备的称量器具，都可以看出传统权衡器具与传统生活方式全方位的"互动"关系。一件器具只有走进人们的现实生活，被人们广泛使用才能实现其设计的价值，器具设计离不开现实生活。"我们知道，设计的许多产品最终是为人的生活服务的，所以设计与生活方式有着密切的关系。这种关系不但存在于设计与个人之间，更受着社会条件的制约和价值观念的引导，因此而形成了设计与生活方式间关系的复杂性。我们把这种关系归纳为'互动'，也就是相互推动的关系。"②中国传统权衡器具作为中国传统社会生活中的必需品，权衡器具的设计和使用直接进入传统经济生活，围绕权衡器具的设计制作、使用和维修形成了权衡器具的设计经济。同时围绕中国传统权衡器具设计的管理制度和管理机构，形成了权衡器具的设计管理。这两方面体现了权衡器作为器具进入生活，在中国传统社会经济生活和政治生活中产生的影响。

二、传统权衡器具与传统生活方式的互动关系

权衡器具作为衡量物体轻重的器具，从它一经产生就与社会经济生活密切相关。中国传统权衡器具与经济生活方式的互动关系主要表现为以下两点：

首先，传统权衡器具（尤其是杆秤）是中国传统社会小商品经济交易的重要器具，它是公平交易的衡量标准，它的使用成为传统商品经济的象征。中国传统社会的经济特点是长期的自给自足的小商品经济，以个体形式的小商品交易极大地促进了传统权衡器具杆秤的设计与发展。同时传统权衡器具杆秤成了这种经济生活方式

---

① 亨利·佩卓斯基. 器具的进化. 丁佩芝译. 北京：中国社会科学出版社，1999：19.
② 诸葛铠. 设计艺术学十讲. 济南：山东画报出版社，2006：296.

的一部分。黄时鉴、沙进编著的《十九世纪中国市井风情三百六十行》[①]一书中所绘三百六十行业中，其中画面上直接绘有杆秤或天平的行业有二十五行之多，凡买卖交易者均手执一秤。如"打薄饼图"（图5-1）中打饼者正在煎饼，身后的方桌上置一把很长的吊盘杆秤。"卖送菜图"（图5-2）中卖菜者左手拿菜，右手提着一杆秤。传统社会的商品贸易中，卖鱼肉蔬菜、卖点心小吃、卖谷物杂粮、盐茶等行业均需要杆秤衡量商品轻重。杆秤不仅是公平公正交易的衡量标准，而且成了传统社会商业经济的象征。通过在商品经济社会中的广泛使用，权衡器具成了传统社会生活方式的一部分，并再经由传统生活方式形成传统权衡器具的设计文化。

图 5-1　打薄饼图　　　　　　　　　图 5-2　卖送菜图

其次，由于中国传统权衡器具成为必备的日常器具，对权衡器具的需求量很大，制秤业成为传统社会中兴盛的行业。围绕权衡器具的设计与制作，形成权衡器具的作坊式的制作产业，传统制秤业成为传统社会的重要行业。如"点秤"（图5-3）、"做秤星"（图5-4）、"打秤耳绳"（图5-5）都是民间手工制秤的行业，尤其制秤业还出现了分工很细的情况，如"打秤耳绳"就是专门用麻绳打制秤提纽的绳。可见在传统社会中制秤手艺成了人们谋生的重要方式之一，制作"公平秤"，不做"黑心秤"是制秤行业的职业道德。制秤行业就是传统社会权衡器具设计经济的一部分。制秤的各种行业成为人们谋生的方式。修秤业也是传统社会一个重要的经济部门和谋

---

① 黄时鉴，沙进. 十九世纪中国市井风情三百六十行. 上海：上海古籍出版社，1999.

图 5-3　点秤

图 5-4　做秤星

图 5-5　打秤耳绳

生行业。任何器具在使用中都免不了维修与保养。中国传统社会大量权衡器具的使用，带来了权衡器具的维修与维护的需求。因此修秤成了专门技术，与此相关的修秤业成为传统社会的一种职业和谋生手段。如"整天平"（图5-6）图中一位修整天平的民间匠人正在整天平衡杆，桌上置两架天平。修理杆秤或天平也是一门重要的工艺行业。

以上是中国传统权衡器具在传统社会经济生活的表现，围绕权衡器具的使用、设计与制作、维修与保养形成了一系列传统行业中的经济部门，这是传统权衡器具对经济生活方式的影响，并成为传统经济生活方式的一部分。

中国传统权衡器具设计制作的规范化和标准化一直是历代朝廷政府的重要政治制度，围绕它的管理形成了权衡器具的管理制度和管理机构。因此权衡器

图 5-6　整天平

具设计不仅是经济生活方式的一部分，而且是政治制度领域的重要内容。

首先围绕传统权衡器具的管理形成历代关于权衡制度的管理制度。中国历史自秦始皇统一、帝制建立以后，各朝各代均有统一度量衡的法令或制度，如秦始皇统一度量衡之诏："廿六年，皇帝尽兼天下诸侯，黔首大安，立号为皇帝，乃诏丞相状、绾，法度量则不壹嫌疑者，皆明壹之。"①在出土的众多的秦权中大多铸刻秦始皇统一度量衡的诏书，权衡器具的管理制度不仅规范着它的设计和制作，而且权衡器具的标准化属性也要求必须有统一的管理制度。再如元代的权，几乎每一个年号的权都有出土，这是元代遵循宋代度量衡之制的原因。宋代《宋史·律历志》载："度、量、权、衡皆太府掌造，以给内外官司及民间之用。凡遇改元，即差变法，各以年号印而识之。其印面有方印、长印、八角印，明制度而防伪滥也。"②所以宋元时期每遇新的年号，就铸新权，印年号。以防权衡器具民间制作之伪滥，这也是权衡器具设计管理的重要内容。

其次是关于权衡器具管理机构的设置。既然有统一的权衡器具管理制度，那么就要有统一设置的管理机构和管理人员。它是中国文官制度的一部分。如《汉书·律历志》关于度量衡制度的管理机构设置为："厥法有品，各顺其方而应其行。职在大行，鸿胪掌之。"③根据《汉书·百官公卿表》"大行"和"鸿胪"都是汉代职官制度之一，"典客"之下是"大行令"，大行令之下是"大鸿胪"④。汉代的权衡度量制度管理机构为"大行令"，具体由"大鸿胪"掌管。这是汉代权衡制度的机构设置方式，形成了后来权衡器具的管理模式，影响了历代权衡制度管理机构的设置。宋代的"熙宁铜权"一百多字的铭文中记载着当时权衡器具设计监造的各位人员，其中"铸洗匠宁照江旨秤子刘衡，池州防御推官知贵池县事较定蒋，西头供奉官兵马监□权监曹。"⑤铭文中记载了该权铸造者、较定者、监造者等人，还有负责具体称量使用的"秤子"一职，可见宋代伴随权衡器具的使用，设计管理相当规范。

以上是传统权衡器具设计在中国传统政治制度中的内容，权衡器具的管理制度

① 丘光明，丘隆，杨平. 中国科学技术史——度量衡卷. 北京：科学出版社，2001：174.
② 宋史·律历志. 北京：中华书局. 1985：1497.
③ 汉书·律历志. 北京：中华书局，1962：971.
④ 汉书·百官公卿表. 北京：中华书局，1962：745.
⑤ 浙江瑞安发现北宋熙宁铜权. 文物，1975，8：93.

和管理机构、管理人员设置制约着权衡器具的民间设计与铸造。这些政治制度规范着人们传统的生活方式，并影响传统权衡器具设计文化的形成。

综上所述，中国传统权衡器具作为中国传统社会生活中的必需品，权衡器具的设计和使用直接进入传统生活，围绕权衡器具的设计制作、使用和维修形成了权衡器具的设计经济。同时围绕中国传统权衡器具设计的管理制度和管理机构，形成了权衡器具的设计管理。这两方面体现了权衡器作为器具进入生活，并成为传统社会中人们生活方式的一部分。与传统权衡器具设计相关的经济生活方式和政治生活方式是权衡器具进入生活的途径，并通过生活方式，进入人们的精神观念和文化领域，形成权衡器具的设计文化。这就是直观与精确——中国传统权衡器具设计量物思维与科学精神；标准与秩序——权衡器具设计的标准化与传统社会秩序的关系；公平与价值——中国传统权衡器具设计中的价值观念与伦理道德。下面章节将具体阐述它们之间的关系。

第二节

直观和精确的量物方式与传统科学精神的关系

"任何一种文明如果没有其他文明作为对比项，就无法思考自身。"① 也就是说文化与文明的理解，无论理解自身文化还是其他文化，都需要找到可对比的项进行

---

① 克洛德．列维－斯特劳斯．结构人类学．北京：中国人民大学出版社，2009：768.

比照，把自身文化置于一定的背景之中，方能找到理解和思考的途径。如欲理解中国传统权衡器具的设计文化，我们需要把它置于世界权衡器具设计历史的背景下，古埃及、古希腊以及中国的春秋战国时期都产生过设计相当成熟的天平衡器[①]，世界各大文明都在天平衡器的设计起点上，独立发展着自己的权衡器具体系。西方在罗马帝国时期，就已产生了设计非常精细的青铜杆秤，中国杆秤在东汉时初行，直至唐宋才普遍使用，但是中国杆秤在此后成长为中国传统权衡器具的主角，天平衡器局限于一些专用领域，而西方虽然杆秤产生较早，但在此后权衡器具的演变中，天平衡器成长为西方传统权衡器具的主角，杆秤却成为配角。东西方文化对权衡器具设计不同的选择路线，体现了两种不同的量物方式和科学精神。中国传统权衡器具设计中独特的量物方式，一方面是中国权衡器具设计与传统科学文化之间"互动"的结果，另一方面也反映了中国传统的科学精神。中国传统科学中直观的观察方式与精确的数值记录的科学精神，直接影响了中国传统权衡器具设计的量物方式。

一、直观的量物思维方式与传统科学精神的关系

计量活动是人类科学活动之一，计量方式是计量科学活动的结果。权衡器具设计从属于计量器具，因此权衡器具设计显示了中国传统量物思维方式，量物方式的特点又体现了中国传统科学精神。

李春泰在《科学形态学》中按照科学思维发展的不同历史阶段将思维划分为"四个维度"即想象思维、直观思维、控制实验思维、形式化思维。"人类思维从想象到形式化中间经过了直观和控制实验这一系列的过程。在这个过程中，思维方法不断发展，在史前，想象的不确定性或自由度是相当大的。后来，直观思维限制了它，并以'眼见为实'将其划了一条界线，因而思维的主观性向客观靠近。控制实验把这种客观性提高到了新的高度。它在哲学上的直接结果就是机械唯物论的兴起，并培养了一种从局部具体着眼研究问题的兴趣，直到形式化方法的确立，才把思维从实在论的束缚下解放出来。"[②]直观思维作为人类思维的必经

---

① 参见本文第二章第26-27页.
② 李春泰. 科学形态学. 北京：科学出版社，2006：15-16.

阶段，在任何文化中都曾存在，只是中国传统直观思维在中国传统文化中具有特别突出的地位。中国传统科学知识来自直观的观察与精确的计量，这一点与中国发达的律历等天文学知识、占星术等都有关。所以直观思维直接影响了传统权衡器具的直观性设计。

中国传统权衡器具设计在战国秦汉时期普遍使用"衡范式"天平，如"秦权""汉权""楚衡"，唐宋以后杆秤逐渐成为传统权衡器具的主体，直至今天仍是农村集贸市场的主要称量器具。权衡器具设计的发展演化的轨迹与中国传统量物思维有直接关系。中国传统文化中关于时空、数量的思维是一种宏观性的、整体性的思维方式。如时间上的描述方式为几时几分几秒的时间顺序，空间上的描述为由省到市、街道的空间秩序，在数量上的描述为几斤几两、几两几钱的数量关系。这种宏观整体性与微观精确性的思维方式体现在传统权衡器具设计中，就是量物方式中的直观性与精确性。虽然选择杆秤在中国传统文化中有各种原因，但是中国传统科学整体性的思维方式和直观性的科学方法影响了权衡器具设计范式的选择。

杆秤设计形式的实际效用与思维方式有直接关系。从称量的方法上讲，天平称量的数值是由不同砝码组合而成，需要根据组合的砝码重量相加才能求得物体重量，而杆秤称量的数值是由秤砣所在秤杆上的刻度直接读出，两相比较，杆秤直观性的设计思维显而易见。这种直观性思维不仅在中国传统权衡器具中有显示，在传统算具——算盘中的直观性设计思维也是显而易见，如算盘上梁每珠代五，下梁每珠代一，显示具体数字时可以一目了然。"算盘这种计算器具，在设计上与其他算具相比，更加直观，这种直观的设计特点，使得算盘具有'二元示数'的优点。"[1]如果说工具是人类进步的尺度，那么方法就是人类思维进步的尺度。"（方法）它是人类思维过程中与'工具'相对应的那个东西，方法就是人类思维进步的尺度。"[2]传统权衡器具秤杆的直观性设计体现了中国传统直观性量物思维方法，这种直观性的量物思维方法是中国传统科学精神的一部分。

---

① 王琥. 中国传统器具设计研究：第二卷. 南京：江苏美术出版社，2006：212.

② 李春泰. 科学形态学. 北京：科学出版社，2006：6.

二、量物的精确性与传统科学精神的关系

谈到中国传统科学与思维的精确性，学术界有一种很普遍的看法，认为中国传统科学与思维是混沌而笼统的。但随着研究的深入，有的学者提出中国传统科学不仅有精细思维，而且是与西方古希腊不同的精细思维方式。吾淳在《中国古代科学范型》一书中将中国古代科学知识的方法归为"辨类法"的精确思维，而有别于西方式的古希腊"推理法"的逻辑思维，"以观察为背景，古代中国知识活动首先特别发展了如下这样一种方法，这就是辨类，辨类方法源自于原始的采集活动，其最初的形式是识别。而后，以此为基础，形成了分辨与分类两种具体样式。如此，辨类形态已具有丰富的内涵。就基本特征而言，辨类方法是定性的，但定性并非就等于模糊。事实上，古希腊对于结构的兴趣与古代中国对于种类的关注恰恰是精细思维的不同形态。"[1]权衡器具的设计尤其是杆秤的设计从一个方面证明了上述说法。杆秤的精细测量显而易见，如宋代刘承珪制作的"一两戥秤"最小分度值为"一厘"，按照宋制折合0.04克，其精确度与灵敏度与今天的精密仪器比较也毫不逊色。宋代就有如此精确而直观的权衡器具，可见中国传统科学的精确性测量是相当高的。在中国传统器具设计中诸如杆秤、算盘的此类器具设计表现了中国传统量物和计数的精确性思维。

但是中国传统权衡器具设计中，量物思维的精确性与西方科学精神中的精确是不同的，这种不同源于文化和科学精神的差异。西方的杆秤成为"西秤"或"罗马秤"，它的称量方式是根据称量物体的重量，更换不同的秤砣，而不像中国的杆秤根据物体重量更换不同的提纽，清代学者叶在扬在《度量衡新义》一书中说："西秤俗称罗马秤，或铜铁坚木为之。凭利轴活枢为倚点，称重物则易加重之锤。不若中国（杆秤）以三倚点恃三面之分记，以权轻重，尤为简便。"[2]由上可知西秤（罗马秤）只有一只提纽，也就是秤杆上只有一条刻度，杆秤上提纽所规定的力臂比例是固定的，因而需要根据称量的量程不同而更换不同的秤砣。而中国杆秤可以有三只提纽，也就是秤杆的三面分别有三条刻度，因而杆秤上提纽所规定的力臂就有大小不同的三种比例关系，所以中国杆秤不需根据称量的量程而

---

① 吾淳．古代中国科学范型中．北京：中华书局，2002：227．
② 叶在扬．度量衡新义．光绪三十一年版（1905年）．石印本．

更换不同的秤砣，只要更换提纽即可，因此使用更为方便。中西杆秤称量方式的不同，体现了两种不同的量物思维方式，其对量物精确性的追求也是不同的。西秤根据秤杆的刻度比例和秤砣的重量的关系得到物体重量，而中国杆秤只有一只秤砣，每条刻度线上，均能直接读出物体重量，通过比较我们可以看出，西秤的称量精确性直接关乎秤砣重量的精确，而中国杆秤的称量精确性直接关乎秤杆上刻度的精确，因此二者在追求精确性的方式上是不同的，这两种不同的精确性方式与中西科学精神的精确性方式有关。西方科学追求"理论兴趣"而中国科学追求"实用品格"，这种中西科学精神的差异，决定了二者在精确方式上的差异。

第三节
权衡的标准化与传统社会秩序的关系

一、计量标准与社会秩序的关系

秩序是人类文明的标志，正如（奥）西格蒙德·弗洛伊德在其著作《论文明》中所阐述的那样："秩序只适于人类的行为……秩序是从自然中模仿来的。人类对巨大天体规律性的观察，不仅为他提供了把秩序引入生活的模式，而且为他提供了这样做的起点。秩序是一种强制性的重复，当一条规则被永久性地确立时，秩序就决定一件事应在何时、何地以及如何去做。"[①]秩序作为人类文明的标志，人类不是天生的有秩序，而是后天习得，"我们应该有权希望在人类最初的活动中秩序就获得了它的地

---

① 西格蒙德·弗洛伊德. 论文明. 徐洋等译. 北京：国际文化出版公司，2000：87.

位，并且毫无困难地获得的，我们可能很惊讶，这种情况在人类的行为中没有发生，相反，人类在他的活动中表现出一种粗心的、没有规律的和不可靠的天性，并且需要艰苦的训练，他们才能学到会以天体模式为榜样。"①不同的文化建立不同的秩序模式，从东西方文明的比较看，"中国是大陆国家，因而在这片土地上，无论发生什么变化都是大陆规模的，中国文化和种族史的宏大堪与整个欧洲的文化和种族史相比较。"②在中国的传统社会秩序的建立中，中央集权的统一国家是主流，于是每个时代都有以社会"秩序"为中心的统一思想与文化，"古代中国的一个相当普遍的观念是，人类有一个最终合理的'秩序'，而对于这个秩序又有一种非常圆满的解释系统，它需要说明，天地的空间和时间格局，帝王与帝国的政治结构，人间的社会伦理道德，自然的万事万物，是如何完美地被纳入这一秩序中。"③因此中国传统社会的秩序中如三纲五常的政治伦理秩序，天地气交，天人合一的自然与社会秩序，天时地气、材美工巧、物以致用的器具与主体的物我秩序，都是中国传统社会秩序的内容。

计量器具设计的实质是人类给现实生活中的物建立秩序。权衡器具设计的目的就是给物品建立轻与重的秩序。在中国文化传统中，如果说"礼乐制度"是给人建立等级秩序，那么度量衡制度则是给物建立等级秩序。在中国传统文化里天的秩序、人的秩序和物的秩序是一脉相承的"同构"思想。中国传统权衡器具的制度和设计主要与数术、律历等天文知识联系在一起，历代的权衡器具及其记载皆见于正史的"乐书""律书"或"律历志"。数是计量的前提和基础，"计量"是人类数术思维的进一步发展。"数是人类知识的一个基本功能，在伟大的客观化的过程中的一个必要的步骤。这个过程开始于语言，但在科学它取了一个全新的形状。"④卡西尔指出了数的思维方式对人类文化进程的重要影响。

数作为人类认识客观世界的工具，远不止产生数学科学，它是一切科学认识的基础，正如毕达哥拉斯所言："数，是人类思想的指导者和主人，没有了它的力量，一切事物将仍为模糊与混乱。"⑤它是人类的一切认识纳入"严格的律则和精确的数

① 西格蒙德·弗洛伊德. 论文明. 徐洋等译. 北京：国际文化出版公司，2000：87.
② 李济. 中国文明的开始. 南京：江苏教育出版社，2005：64.
③ 葛兆光. 中国思想史：第二卷. 上海：复旦大学出版社，2001：5.
④ 恩斯特·卡西尔. 论人——人类文化哲学导论. 桂林：广西师范大学出版社，2006：300.
⑤ 恩斯特·卡西尔. 论人——人类文化哲学导论. 桂林：广西师范大学出版社，2006：300.

的规则之下"，其中就包括计量科学的产生。权衡器具就是计量科学知识于造物设计中的技术应用，显然权衡器具设计中计量方式是"计数"方式的基础上的发展。提起中国古代"数"的起源，追述至圣人先哲伏羲制八卦而创数，"自伏羲画八卦，由数起，至黄帝、尧、舜而大备。"[1]中国古代数字往往附会世界及其秩序的神秘化，如"道生一，一生二、二生三"，还有阴阳五行的观念中的"五行""五色""五味""五服"等。《淮南子卷二·天文训》载："何谓五星？东方木也，其帝太皞，其佐句芒，执规而治春……南方火也，其帝炎帝，其佐朱明，执衡而治夏……中央土也，其帝黄帝，其佐后土，执绳而治四方……西方金也，其帝少昊，其佐蓐收，执圭矩而治秋……北方水也，其帝颛顼，其佐玄冥，执权而治冬……"[2]所以才有"故曰：'规生矩杀，衡长权藏，绳居中央，为四时限。"可见权衡作为器具并不是孤立的存在，权衡与规、矩、绳这些标准器具系统地存在。

规、矩、衡、权、绳这些器具最早是与四时对应的天人感应的"中介"物，而且规、矩、衡、权、绳之间的关系形成"五则"。关于"五则"的记载《汉书》载："权与物钧而生衡，衡运生规，规圆生矩，矩方生绳，绳直生准，准正则平衡而钧权矣。是为五则。"[3]由此可见，规、矩、衡、权、绳这些器具之间的是相互生成并相互制约，形成一个统一的标准系统。器具与自然秩序"四季交替"构成对应关系，使得这些器具在它一经产生的时候就获得了与"天理"一样的合理性，从而能成为现实生活中计量的标准和规范。中国古代思想观念中自然秩序、人类秩序、社会秩序是"一体同构"。关于这一点葛兆光在《中国古代思想史》一书中这样解释："这一秩序的理性依据和价值来源本由'天'所赋的，而且它源自'人'的感情与天性。但是，当它已经形成人间的秩序、社会的规范和个人的准则之后，它拥有了'权力'，反过来就成了一种'天命'和'人理'，似乎是自然的也是伦理的。"[4]

中国传统权衡器具设计思想之源在于"同律度量衡"的传统观念。汉书律历志开篇第一句话就是：虞书曰：乃同律度量衡。"律"是度量衡计量器具设计的参考标

---

① 汉书卷二十一·律历志第一. 北京：中华书局，1962：955.

② 淮南子卷三·天文训. 长沙：岳麓书社，1989：25.

③ 汉书卷二十一·律历志第一. 北京：中华书局，1962：971.

④ 葛兆光. 中国古代思想史. 上海：复旦大学出版社，2001：85.

准，"律"就是中国传统音乐的概念。这指出了权衡器具并不是孤立存在的计量器具，在传统的计量器具中形成与律、度、量、衡构成的整体系统之中，从而纳入传统社会秩序之中，权衡器具的计量标准成了社会秩序的一个部分。

二、中国传统权衡器具标准化的运行模式

中国传统权衡器具的标准化是通过器具的"模件系统"来实现的。（德）雷德侯在其著作《万物》中首次以"模件"的概念研究中国传统造物的系统性和标准化。在书中这样阐述："中国人发明了以标准化的零件组装物品的生产体系。零件可以大量预制，并且能以不同的组合方式迅速装配在一起，用有限的常备构件创造出变化无穷的单元。这些构件被称为'模件'。"[1]可见雷德侯的"模件"的概念是借用现代工业生产中标准化的"零件"的概念，只不过"零件"是用机械制作的精确复制品，而"模件"是传统手工造物过程中手工制作的相对精确的标准件或复制品。采用这一概念和方法，雷德侯在《万物》一书中也解析了中国汉字设计、青铜器设计、建筑设计、印刷文字、中国画等艺术设计中的模件系统。如在论及青铜器具设计的"模件"体系时，这样阐述："出于装饰的需要，中国青铜工匠创造了一种模件体系——利用总数有限的装饰母题和装饰单元，进行无穷无尽的组合。工匠们还发明了，用于青铜器铸造的技术性模件体系。这些体系为完成中国古人给自己确定的任务——制造成套的高质量之礼器——提供了最佳方案。"[2]中国传统器具设计的模件化体系是中国传统文化的统一性与连续性的内在原因。正如中国汉字的模件系统："正是因为发展出模件系统，使他们可以处理这个集合，所以这一切才成为现实。只有靠模件系统，汉字才能够实现其真正的功能：确保中国文化和政治传统的连续性。这种令人敬畏的统一性在世界历史上是无与伦比的。"[3]

计量器具的本质属性在于其标准化和规范化。借用雷德侯关于中国传统造物的模件体系观点，结合权衡器具设计的标准化和规范化体系，可以动态展现其标准和规范体系的运行模式。权衡器具标准化和规范化运行必须有统一的标准件和规范的

① 雷德侯. 万物. 张总等译. 北京：生活·读书·新知三联书店，2005：10.
② 雷德侯. 万物. 张总等译. 北京：生活·读书·新知三联书店，2005：37.
③ 雷德侯. 万物. 张总等译. 北京：生活·读书·新知三联书店，2005：37.

器具设计。中国权衡器具设计自从秦始皇统一度量衡以后，历代均有"标准件"的颁布，"标准件"是国家政府以法定的形式制定的"标准"，这种"标准件"就类似雷德侯所讲的"模件"，权衡器具的模件系统在纳入中央集权的政治体系运行之中，中央颁行各省，再由各省颁行各郡县，郡县直接管理权衡器具在民间的设计制作，严格按照标准化模件来执行。我们今天看到的权衡器具很多是当时各级政府颁布的标准"模件"，如康熙十八年苏州府颁行的校准砝码，就是地方政府根据中央颁行的标准"模件"而推行的地方"标准件"，该套砝码为一件有一端开口的长方形铜匣，内置长方形铜砝码两枚，铜匣表面铭文："江南苏州府正堂曹，奉江南布政司丁校准枫镇买卖商牙一体遵行拾两不许轻重违者禀究，奉宪颁行，康熙拾捌年叁月拾玖日给。"[①]根据铭文我们可知该套砝码是江南布政司校准的，苏州府颁行的地方"标准件"，可见，权衡器具的标准化并不是中央政府的专门制造"标准件"发给官方或民间使用，其标准化的运行是模件化的体系运行。中央制定的标准件只需颁行各省，各省再铸标准模件颁行各郡县，各级政府拥有的是用于检校的"标准模件"，而民间使用的权衡器具是根据标准"模件"由政府督造。这就是权衡器具设计标准化的运行模式。

三、传统权衡器具对传统经济秩序和政治秩序的规范作用

权衡器具从其使用价值上讲，体现为中国传统经济生活的重要称量器具，它的发展与演变与历代经济状况和经济制度有着直接的关系。权衡器具设计和制作是"公平交易"的经济秩序的体现，权衡器具设计标准化的实现方式与古代经济生活与经济秩序互相影响。春秋战国是权衡器具设计发展的重要时期，不仅是用于货币衡量的小型权衡器，而且用于商品贸易的日用权衡器，都得到了一定程度的发展。这一时期权衡器具的发展与当时经济发展和称量货币有着直接的关系。当时中国传统经济与货币制度决定了中国权衡器具在初始设计中特殊的使用范围。"直到春秋晚期，贸易基本上停留在互通有无的层面，……商人阶层兴盛的先决条件是要有活跃的商业，而激发商业活力的三个因素——一个好的市场、丰富的商品和被普遍采用的货币体制——在春秋晚期似乎并不存在……就货币而言，早在商朝就存在货币，

---

① 清康熙十八年苏州府颁行的校准砝码. 文物，1990，1：95.

但即使到了春秋时期也很不普遍，商品经常作为物物交换的对象。显然直到春秋晚期或战国早期，金属货币才广泛流通。"[①]因此，在春秋以前中国古代社会的商品贸易基本上是互通有无的物物交换，经济生活中不需要对日常物品的重量测量，自然日用权衡器具设计制作的需求就比较少。

直到战国时期真正以货币为媒介的商品贸易才发展起来，所以此时用于商品交换中称量物品的权衡器具设计应运发展，从称量贵重金属的小型衡器到称量日用物品的中型日用衡器广泛使用。另外战国时期广泛使用的金属货币也是权衡器具设计的重要因素。从这一时期出土大量的货币可见一斑，如1979年在安徽寿县出土战国晚期楚国金币达5178克[②]，1973年山西闻喜县出土了一批战国圆钱，共799枚。[③]任何器具都有其产生的社会需求背景，"楚衡"的功能设计源于当时的社会经济发展的需求，它顺应楚国的货币制度和商品流通，楚国的货币制度不同于其他各国，北方赵、魏、秦、韩等国使用金属铸币，钱币本身自铭重量，使用时不需要测量，而楚国由于盛产金玉，其货币制度使用称量货币——金钣（郢爰），"楚国黄金作为流通货币，早已被大量出土的金钣所证实。这种金钣没有固定的形式，并不是一枚一枚用模铸造的，而是在浇铸成的一大块扁平的金钣上打上许多印记，使用时还需再次分割成小块。金钣上的印记排列并不整齐，分割时也不可能准确、等量，因此流通过程中还要经过测量。"[④]因而需要专用于测量黄金、货币的权衡器具，所以"楚衡"设计应运而生。尤其金钣"郢爰"的使用方式就是权衡器具"楚衡"设计功能的直接对应。"楚衡"功能设计为专用钱衡，用于测量量程较小的货币等贵重物品，根据已出土的一系列砝码，绝大多数重量在一铢至八两之间，一斤的环权砝码数量很少，可见"楚衡"的量程较小，专用于黄金货币等贵重物品称量。

秦汉时期商品经济进一步发展，商品交易的专门集中地——市肆品类齐全。"汉制规定：凡进入市内的各种商品，必须依类相从，同类商品各自排列成行，于列肆进行交易。在市内的列肆中，有不同性质、不同行业的肆店。见于文献记载者，有

① 许倬云. 中国古代社会史论. 桂林：广西师范大学出版社，2006：13-15.

② 涂书田. 安徽寿县出土的大批楚金币. 文物，1980，10.

③ 朱华. 近年来山西出土的一些古代货币. 文物，1976，10.

④ 丘光明. 货币与度量衡. 考古，2001，5：77.

酒肆、肉肆、药肆、书肆、牛肆等。"①商品的交换如肉类、鱼类、中草药需要精准称量，可见秦汉时期用于市肆商品称量的日用权衡器具广泛使用。商品经济的繁荣需要良好的市场秩序，而权衡器具的标准和规范则是商品经济秩序的重要方面。《盐铁论·禁耕篇》"县官设衡立准，人从所欲，虽使五尺童子适市，莫之能欺。今罢去之，则豪民擅其用而专其力。"②秦汉时期虽然都有统一的度量衡制度，但是在实际使用中还需要规范管理，《盐铁论·禁耕篇》中的记载说明当时权衡器具的使用与管理相当规范，市肆专门设有类似现在集贸市场的"公平秤"。"公平秤"就是检测其他权衡器具的标准和规范。

　　唐宋时期无论城市还是农村，都存在广泛的小商品经济贸易，权衡器具尤其杆秤是当时称量物品的主要器具。如南宋的农村市场"南宋农家的日常生活必需品，无法完全由自己生产，许多用品都必须从市场购买。宋代南方的乡村散布有许多定期的虚市，其主顾为邻近的乡民，交易额甚小，而其商品则为米、麦、鸡、鹅、鱼、豆、果、蔬、茶、盐、酒等食料，及布、纸、箕箒、农器等手工业品。"③从上述小的农村市场商品的交易来看，米、麦、鸡、鹅、鱼、豆、果、蔬、茶、盐等日用品都需要称量后才能交易，所以日用权衡器是必不可少的工具，中国传统经济的特点是小商品经济，"秤范式"权衡器具设计便携、易用的特点，适于小商品经济流动性、分散性的称量。

　　权衡器具作为计量器具的根本属性是标准化，在社会政治制度中，权衡器具设计对社会秩序的影响表现为从"天道"秩序上升为政治秩序的过程。早在先秦，度量衡制度就作为政治制度的记载，如《礼记·月令》"仲春之月……日夜分，则同度量，钧衡石，角斗甬，正权概……仲秋之月……日夜分，则同度量，平权衡，正钧石，角斗甬。"④三礼是周朝的政治典籍，关于权衡制度的记载，一年的仲春和仲秋之夜进行两次检校，一方面以使权衡器具达到标准化和规范化，另一方面也规定了权衡器具设计与政治制度的依从关系，体现了器具设计的社会化。按照《礼记·月

---

① 黄今言. 秦汉商品经济研究. 北京：人民出版社，2005：137.

② 盐铁论·禁耕篇. 王利器校注. 新编诸子集成. 北京：中华书局，1992：68.

③ 梁庚尧. 南宋的农村经济. 北京：新星出版社，2006：187.

④ 周礼·仪礼·礼记. 长沙：岳麓书社，1989：341-348.

令》的记载，每年两次检验度量衡器具，而且选择在春分、秋分进行检测是有道理的。因为此段时间地球白天和黑天长度一样，温度适中，即"昼夜均而寒暑平"。此时器具受外界温度、湿度等气候因素的影响最小，故而能使器具处在一个相对稳定的环境中，排除热胀冷缩，保证检测的准确。在古代无法解决恒温、恒湿的情况下，利用自然气温保持较为恒定的温度、湿度，确实是很好的检测方法。这样的方法是遵循"天道"的思想，古代"天不变，道亦不变"的传统思想，体现在器具设计中，就是遵循"天道"即自然规律的思想，一直影响中国传统器具设计。

也就是说权衡器具首先符合自然中"天道"的秩序。当自然秩序规范为社会政治制度之后，就形成了社会秩序。"在大量生活器具的设计、制作、使用中，艺术设计渐渐确立了自身的价值和位置。《周礼》等文化典籍记录了许多器具设计，反映着中华民族的进步和秩序。"①所谓标准化的实质是建立社会秩序。君王的统治需要建立政治秩序，经济的发展需要建立经济秩序，权衡器具设计是人类保障经济秩序的手段。权衡器具作为这种"秩序"的物化，其设计和制作的标准和规范，必须符合对这一"秩序"的理解，所以自从《礼记·月令》中规定权衡器具检校的时间和空间结构坐标后，历代检校均用此标准。

中国历代王朝在推翻旧王朝建立新王朝时，都有统一权衡制度的颁行，从秦始皇颁布第一条"统一度量衡"的诏书以后，历朝历代君王均有类似统一或新建权衡器具设计制作的标准或规范，这实际上是通过权衡器具的标准和规范来重建社会秩序。自从秦代统一度量衡以后，度量衡制度一直是历代重要的政治制度。权衡器具设计与制作必须与国家的权衡制度协调一致，否则权衡器具设计的标准化就无从谈起。权衡器具设计的标准化与规范化，是器具社会化的体现，权衡器具的标准化是建立社会秩序的手段之一。

权衡器具的标准化与传统社会秩序的关系体现在两个方面：一方面权衡器具设计的统一与标准是建立统一的中央集权的社会秩序的手段之一，另一方面模件化政治制度运行体系是权衡器具设计标准化得以运行的模式。"王者功成做乐，治定制礼。其功大者其乐备，其治辨者其礼具备。"②先秦时期历代帝王在掌管政权后，都

---

① 赵农．中国艺术设计史．西安：陕西人民美术出版社，2004：62．

② 史记卷二十四·乐书第二．北京：中华书局，1982：1193．

要制定相应的"礼乐"制度，以显其权力和重建秩序。因为当时礼乐制度是社会秩序的标准和规范。至秦汉随着度量衡器具在经济生活中的重要性日益显现，度量衡制度与礼乐制度一样成为社会秩序的标准和规范之一。如秦始皇颁布统一的政令中，其中就有最重要的度量衡统一的诏书。它不仅是权衡器具设计的标准和规范，同时也是社会秩序的标准和规范。

综上所述，标准化作为权衡器具本质属性，在人类给物质世界规范和制定秩序的同时，这种标准化的模式也规范和制约着传统社会秩序。尤其中国传统文化中对人与人、人与自然、人与社会的秩序的同构过程中，权衡器具设计的标准化和规范化对中国传统社会秩序的规范和制约性更加明显，正是由于中国传统秩序的统一性和同构性，传统权衡器具与传统社会秩序之间相互影响，形成中国传统文化中特有的秩序模式。

第四节
公平公正的价值观念与传统伦理道德观

一、权衡器具公平与公正的物质属性上升为价值观念

公平公正是权衡器具的物质属性，权衡器具是衡量物体重量的器具，它的物质功能就是商品交易中衡量货物的重量，任何器具都有物质功能的标准，"用"是衡量和评价一切器具的物质标准，权衡器具物质功能的评价标准就是衡量物品轻重的公平性与公正性，"公平性"和"公正性"是指权衡器具的物质属性，但是当

一件器具被"符号化"以后，它的物性品质就转化为人的品质或社会价值上的意义，符号的意义有"任意性"，但器具的符号化并不是任意的，而是器具物性品质上的外延与象征，器具一旦进入符号化，就转化为文化资源，传统器具就是传统文化的资源，权衡器具在中国传统社会中其公平、公正的功能属性，在经过"符号化"之后进入人们的观念领域，形成"公平交易"社会价值观念、公正合法的伦理法制观念，使权衡器具设计中的物质属性——公平与公正，成为中国传统社会价值观念和伦理道德的标志。由此传统权衡器具的物质属性"公平公正"的准则就上升为"公平公正"的社会伦理的价值观念。

阿多诺认为"交换原则是一种同一化力量，旨在取消任何质的区别，代之以量的等同。事物之间质的区别成了价格的差异……交换价值的普遍原则已经作为一种意识形态渗透到了社会的一切领域中……所谓同一化思维就是使不同的事物相同，是异质事物同质化。"① 阿多诺虽然讲的是商品交换中的"物化"现象，但是我们可以通过物化现象，理解中国传统权衡器具"公平公正"的物质属性，如何通过使用过程对人们价值观念和伦理道德等社会心理和行为过程的影响。权衡器具对人们形成传统价值观念和伦理道德的影响，从信息哲学的角度上可以这样理解："文化是一种信息现象，就文化是心理活动和行为活动的模式和过程的方面来看，它是把握、实现和创造信息的过程，就文化是精神产品和物质产品的方面来看，它是人所穿凿的信息并实现了的形态。在文化中，创造和实现信息的过程和这一过程所达到的结果直接地统一着，人的心理和行为和这一过程的产物直接统一着。并且由于进化着的人的心理活动越来越依赖于进化着的外界的物化工具的中介来完成，所以文化中的这种心理和行为活动过程和活动结果的统一性便清晰地呈现出来了。"② 也就是说权衡器具设计与使用是创造和实现文化信息的过程，权衡器具就是这种文化信息实现了的物质形态，就传统权衡器具而言，人的心理和行为活动与权衡器具的设计与使用存在着直接的统一性，这就是权衡器具的物质属性与"公平公正"的社会价值观念和伦理道德存在着的统一性。这也说明了物质生活方式对人们价值观念的影响。

---

① 汪民安. 文化研究关键词. 南京：江苏人民出版社，2007：371.
② 邬焜. 信息哲学. 北京：商务印书馆，2005：319.

二、公平公正由价值观念生成为伦理道德

要理解中国传统权衡器具对传统价值观念的影响，我们必须首先理解价值观念是如何形成的。从哲学的角度，价值是与事实相对应的一对范畴，自休谟以来，人们对事实与价值的认识不断深入，事实是不依赖于人的客观实在，而价值是客观实在与人的关系。事实强调的是存在问题，价值强调的是关系问题。人与物以需要为中介的关系就是事物的价值。而价值观念指的是人对价值的理解和追求。"价值观念的特征非常丰富，可以从不同的角度做不同的规定，然而只有这样两个特征最为明显：第一个特征是对价值的理解，第二个特征是对价值的追求，把价值观念的两个特征概括起来说，价值观念就是对价值的理解和追求。价值观念中包含着对事物价值的理解，因而具有解释性，价值观念中包含着对行动方向的指向，所以具有方向性。解释性和方向性是价值观念的独特之处。"[①]根据上述理解，权衡器具的价值在于器具与人的需要关系，权衡器具满足了人们现实生活中称量重量的目的，因而具有"有用性"，所以是有价值的，这是衡量权衡器具价值的起点。需要解释具体事物价值的标准，对权衡器具价值的理解和追求形成了对它的价值观念，对权衡器具使用功能的解释和追求方向就是公平、公正的称量标准，因此"公平公正"就成了衡量权衡器具的价值观念。这种关乎权衡器具的价值观念如何上升为社会心理和行为层次上的价值观念，是理解权衡器具对价值观念影响的关键。

中国传统权衡器具设计对社会价值观念与伦理道德的影响，通过权衡器具形态的"符号化"呈现出来。器具与文化之间的"互动"关系通过器具转化为文化符号的这一过程实现的。"符号的传统意义就是用一物意指另一物来完成传达任务，这是人类文明的一大特征。在人的社会活动中，每一种实用物都会渐渐带上符号意义。以致最终失去实用性，或者失去最初的实用性的痕迹。"[②]作为实用物的器具它产生于社会生活物质和功能的需求，但当器具进入人的生活领域，成为生活方式的一部分之后，器具则通过人的生活方式直接作用于人们价值观念和伦理道德的形成，从而成为文化的一部分。生活方式是在劳动和交往中形成的。通过权衡器具在传统社

---

① 兰久富. 社会转型时期的价值观念. 北京：北京师范大学出版社，1999：66.

② 赵毅衡. 符号学——文学论文集·前言. 天津：百花文艺出版社，2004：8.

会生活中所构成的商品交换方式，使权衡器具成为生活方式的一部分。"生活方式是人在活动中表现出来的具有一贯性和稳定性的倾向，这种倾向把人的行为引向某一领域，把人的观念引向某一方向，这种倾向性对人的价值观念的形成产生极其重要的影响。价值和价值观念都具有方向性，生活方式也具有方向性。生活方式在潜移默化中影响人的价值观念，在各种社会力量中生活方式对价值观念的影响最为显著。"[1]权衡器具在传统经济生活中的交换环节扮演重要的角色，并成为社会生活方式的一部分，在其设计的使用过程中，衡量权衡器具的价值标准——公平公正，就通过经济生活方式渐渐成了社会整体的价值标准，从而影响了社会的价值观念。

　　权衡器具"符号"在当代设计中的应用，体现了深植于人们思想中"公平公正"的价值观念，如深圳雕塑院夏和兴根据权衡器具结构和视觉形态，创作了一件惊人的雕塑作品——"杆秤"（图5-7），置于深圳繁华的老东门商业步行街。这件杆秤雕塑的体量相当大，铜秤杆前粗后细，高9.8米，加上首尾两端，总高度超过10米。铜制的秤砣，高1.2米，秤砣四面分别刻有十六两老杆秤与十两新秤的换算口诀表[2]。雕塑采用放大比例的杆秤形态，把商业街特有的环境意义与杆秤雕塑形成关联语义。商业街是从事商品交易和市场贸易的特设区域，商业街的品质就是保证公平、公正的商品交易。而这里的杆秤雕塑代表一种价值观念：准确、诚信、公开、公平、公正，杆秤雕塑成了商业道德评判的符号，而不具有实际的称量功能。怀特在《文化科学》中说："全部文化（文明）依赖于符号。正是由于符号能力的产生和运用才使得文化得以产生和存在，正是由于符号的使用，才使得文化有可能永存不

图5-7　杆秤雕塑

---

① 兰久富. 社会转型时期的价值观念. 北京：北京师范大学出版社，1999：252.
② 十六两老杆秤与十两新秤的换算口诀：一两六二五，二两一二五，三两一八七五，四两二五，五两三一二五，六两三七五，七两四三七五，八两五，九两五六二五，十两六二五，十一两六八七五，十二两七五，十三两八一二五，十四两八七五，十五两九三七五，十六两一零零零。

朽。"①在此权衡器具的符号就是传达了中国传统商业文化的内涵。权衡器具在符号化中失去真实功能，从而被赋予功能外延的意义和价值观念。这就是中国传统权衡器具对社会价值观念的影响。"符号体系的威力在于它很快便能把使用功能完全消失，而且进一步用它自身的规范作用为社会文化服务。"②再如人民法院的标志设计（图5-8）表达了权衡器具"天平"的造型设计蕴含了"公正合理"的伦理道德。"天平"本是使用的器具，是具有一定立体结构的物质实体，

图5-8 法院标志矢量图

在法院的标志矢量图中"天平"被抽象为平面的图像结构。不管如何变化，这只是"器具形态"符号化的手段，这一设计行为实质是器具设计向文化领域转化的行为。

中国传统权衡器具的设计文化主要表现为以下三点：一是中国传统科学整体性的思维方式和直观性的科学方法影响了权衡器具设计的直观性与精确性，体现了中国传统权衡器具设计的量物思维与科学精神之间的关系，这是中国传统权衡器具设计与智能文化之间的互动关系。二是权衡器具设计的目的就是给物品建立轻与重的自然秩序，其标准化秩序模式影响了传统社会秩序的建立，并成为传统社会秩序的一部分，这是中国传统权衡器具设计的标准化与社会秩序之间的关系。三是传统权衡器具公平、公正的物质属性，在其设计和使用的过程中，通过社会行为方式，成为公平与公正的价值观念与伦理道德的象征，这是传统权衡器具设计与中国观念文化之间的互动关系。

---

① 怀特．文化科学．曹锦清等译．杭州：浙江人民出版社，1998：31．
② 赵毅衡．符号学—文学论文集·前言．天津：百花文艺出版社，2004：9．

第六章

中国传统权衡器具的设计观

　　按照牛顿的至理名言："把简单的事情考虑得很复杂，可以发现新领域，把复杂的现象看得很简单，可以发现新规律。"，中国传统权衡器具说来似乎只有一架天平、一杆秤，前面的叙述竭尽使简单的问题复杂化，是为了找到器具设计研究的"新领域"，至此应该回到把复杂的现象简单化，是为了找到器具设计的"新规律"。从简单走向复杂，再从复杂回到简单，看似一个轮回，但在此过程中提炼了研究的思路。从简单走向复杂是研究的展开与论述，从复杂回到简单则是研究的结论与思考。

第一节

"承接累进"的器具设计范式进化观

杠杆原理作为人类共同的科学认识，形成了传统权衡器具设计的起点，根据杠杆科学原理，传统权衡器具设计的结构必须有衡杆、衡杆两端的被称物和砝码。在这一基本的认识前提下，权衡器具设计以此为起点就开始了。例如由片状结构的铜衡杆、竹衡杆到圆杆状结构的牙秤杆、木秤杆，从前后一致到前粗后细，从无刻度到有刻度，这就是权衡器具衡杆到秤杆设计的进化路程。通过第二章对权衡器具设计范式演变的分析，我们可以得出，中国传统权衡器具设计的进化规律为器具范式的承接累进。

所谓器具范式的承接累进是指器具设计的范式在形成之后并不是一成不变，随着生活需要的不断变化，旧的器具范式由于不再适应新的使用需求，就会对旧的器具范式进行修正和突破，这是器具范式的承接和积累，从而产生新的、更加适应生活新需要的器具范式，这是器具范式的改革和进化。这种新旧器具范式的不断创新与解构、突破与建构的运动过程就是器具范式承接累进的进化过程。器具进化的实质表现为两个方面：一是延续性和积累性，二是改进性和进化性。正如中国传统权衡器具设计范式最初是"衡范式"，它是在春秋战国时称量货币和不发达的商品交易背景下的直接产物，但是随着中国分散的小商品经济的进一步发展，尤其是随着中医药的发展，移动式的小称量器具，成为时代新的需求，正是在这种条件下权衡器具的"秤范式"不断完善，至宋代形成了成熟的定量砣和定量杆秤。"秤范式"设计的演化过程是对"衡范式"设计的承接累进。如秤杆设计是衡杆形式基础上的承接改进，秤砣设计是锤权砝码结构形态的进一步发展的结果。

　　传统权衡器具的演化规律包括相互作用的两个方面：一是演化的动力和原因，二是演化的方式和过程。首先从演化的动力和原因来看，器具进化源于旧的器具范式在发展中不能令人满意。正如完美的人不存在一样，完美的器具也是不存在的。器具自身存在的缺陷是器具演化的动力。正如亨利·佩卓斯基在《器具的进化》中所言："从演化的角度来看，诸如刀叉、筷等器具的发明，我们得知其过程充满实验性，并非发明者一开始便胸有成竹，而是使用者不断发现缺点后，再一步一步改进，文化、社会及技术都是影响因素。演化过程的每一步都会影响下一步的发展。"[①] "真正决定器具形式的是使用者所发现的缺点，发现缺点后不断改进功能，不同地区，不同的人所观察和注意的缺点不同，改善的方法也各异。因此不同的文化产生不同的器具。"[②] 对于权衡器具的设计范式从"衡范式"到"秤范式"的演化过程中，演化的动力与原因也是源于器具范式自身存在的局限不能满足新的时代需求。如"衡范式"的衡杆为置杆悬吊的固定使用方式，这种使用方式与中国传统经济中小量而分散的商品交易称量要求是不适应的，正是由于"衡范式"自身存在的缺陷，不能满足人们新的需求方式，于是新的范式"秤范式"权衡器具应运而生。第二从演化的过程和方式来看，器具进化的过程是从旧范式上发现缺陷，寻求解决之道，产生新的范式，器具进化的方式是新旧范式的承接累进。从而实现器具设计的最终目的即不断寻求改进以满足不同的现实需求，使得器具设计更方便、更经济、更美观。"阿尔伯特·亚瑟在他的名著《机械发明史》中，用较学术的字眼阐述发明的过程：发明的特色在于将现有的'元素'重新组合，建立新的'关系'，可说是既有的改进，或是完成尚未圆满的组合。"[③] 所以说器具进化的过程是积累前人经验智慧的结果，新器具的成功与价值是建立在既有器具的基础之上。在传统权衡器具的进化中"衡秤"是"衡范式"向"秤范式"演化的过渡形式。"衡秤"的衡杆形态依然为片状结构，与"楚衡"的铜杆一样，根本不同的是"衡秤"的秤杆上增加了刻度，"衡秤"的秤杆设计既有对"衡范式"衡杆的继承关系，又有新的关系，即衡杆刻度作为新的关系重新组合原有要素，构建新的范式，这就是累进的要素。"新质"不断完

---

① 亨利·佩卓斯基. 器具的进化. 丁佩芝译. 北京：社会科学出版社 1999：18.
② 亨利·佩卓斯基. 器具的进化. 丁佩芝译. 北京：社会科学出版社 1999：19.
③ 亨利·佩卓斯基. 器具的进化. 丁佩芝译. 北京：社会科学出版社 1999：43-44.

善，衡秤的刻度演化为秤星，新的范式"秤范式"得以稳定和确立。

总之，中国传统权衡器具设计的进化规律表现为从"衡范式"到"秤范式"的承接累进的范式演进过程。

第二节

"物以致用"的传统功能主义设计观

现代功能主义是伴随现代设计的发展而出现的设计思潮，对现代设计的发展产生了深远的影响。功能主义是现代设计的思潮之一，美国芝加哥建筑学派大师沙利文首先在建筑领域提出"形式当随功能"的口号，随后成为功能主义流派的源头。功能主义曾经成为包豪斯倡导的理论原则，摒弃历史上的传统和形式以及产品的外加装饰，主张形式依随功能，尊重结构自身的逻辑，强调几何造型的单纯明快，尽量使产品具有简单的轮廓、光洁的外表、重视机械技术，促进工业的标准化并适当考虑商业因素。包豪斯所倡导的现代功能主义实践具有深刻的理论意义。"形式当随功能"的现代功能主义观点，对现代设计产生了积极的影响，但是其不足之处也很明显，强调功能至上，忽视传统文化的意义。"（现代功能主义）存在把适用性与美等同起来的倾向，认为物品只要适用，它的形式就是美的。这里存在一种理论的简单化"[1]。

中国传统器具设计中也提出过类似功能主义的口号，王符《潜夫论·务本第二》

---

[1] 徐恒醇. 设计美学. 北京：清华大学出版社，2006：57.

"百工者，以致用为本，以巧饰为末。……百工者，所使备器也，器以便事为善，以胶固为上。"①可见"物以致用"体现了中国传统器具设计的功能主义。但是中国传统器具设计的功能主义与现代设计的功能主义是不同的，中国传统功能主义设计"物以致用"的内涵与外延，大于现代功能主义中的"形式与功能"。"物以致用"是中国传统功能主义的设计观。这种设计观体现了实用与审美的辩证统一：即实用价值为核心，兼顾审美价值与文化价值。"以致用为本，以巧饰为末"就是传统器具设计处理实用与审美的辩证统一关系的设计原则。现代功能主义设计反对装饰，强调实用至上，而中国传统功能主义设计以实用价值为本，即核心价值，但不反对"巧饰"，而是把"巧饰"放在使用价值之后，即附属价值。"以巧饰为末"不是不要装饰审美，而是正确处理实用与审美的关系。这就是中国传统功能主义设计观。正如《文心雕龙·程器第四十九》载："周书论士，方之梓材，盖贵器而兼文采也。是以朴斫成而丹膳施，垣墉立而雕杇附。"②"方之梓材，盖贵器而兼文采也"说的是木匠选材造器，首先注重器具的实用，同时兼顾器具的装饰设计。所以才有"朴斫成而丹膳施，垣墉立而雕杇附"。尽管《文心雕龙》这句话不是论述器具设计的，但是以器具设计中器用与文采的关系比喻文学中质与文的关系。显然这样的器具设计观在当时是深入人心的道理。

中国传统权衡器具设计体现了"物以致用"的传统功能主义设计观。权衡器具实用价值的核心就是称量重量。在解决杆秤称量功能的设计中，通过固定长度的秤杆与固定重量的秤砣，配合两到三个移动的秤纽，使同一个杆秤可以最大范围地实现其称量功能。以最简洁的结构设计方式和最简便的操持设计方式实现了传统权衡器具的核心价值实用功能。同时传统权衡器具设计兼顾器具设计的装饰与审美。杆秤的秤星设计是权衡器具装饰设计的杰出体现，本来秤星只是一个标识功能，但是把秤星的装饰图案与中国传统装饰联系起来，如把秤星做成如意纹、梅花纹，并装饰"称心如意""事事如意"等吉祥图案。这就是传统权衡器具"物以致用"的同时兼顾装饰与文化的设计。可见，中国传统权衡器具的设计坚持"物以致用"的传统功能主义设计观。

① 王符. 潜夫论. 第2版. 诸子集成（八）. 北京：中华书局，2006.
② 刘勰. 文心雕龙注释. 周振甫注. 北京：人民文学出版社，1981：525.

因此，"物以致用"是中国传统功能主义的设计观，"以致用为本，以巧饰为末"是传统器具设计兼顾实用与审美的设计原则。中国传统权衡器具本体设计体现了"物以致用"的传统功能主义设计观。

第三节
"器以藏道"的传统文化语义价值观

现代设计中，产品语义学（Product Semantics）顾名思义是研究产品语言意义的学问，它研究人造物的形态在使用情境中的象征特性，以及如何在现代工业设计中应用的问题。其源头始于1950年德国乌尔姆造型大学的"符号运用研究"。产品语义学将设计的因素深入人的心理、精神因素，随着社会发展与进步，物质的极大丰富以及消费层次的进一步细化，人们对产品的精神功能需求不断提高，产品造型不仅涉及其功能性目的，还要透过其语义特征来传达产品的文化内涵，体现特定社会的时代感和价值取向。产品语义学研究拓宽了产品设计研究的视域，尤其是产品文化语义的研究，是对现代设计理论研究的巨大贡献。

在中国传统器具设计中也有类似"产品语义学"的观点。器具除具有一定的物质功能以外，还具有精神意义。"器以藏道"体现了中国传统设计文化语义价值观，是中国传统器具的灵魂与精神。《易·系辞上》曰："是故形而上者谓之道，形而下者谓之器"。[1]由此形成中国特有的哲学范畴"道器说"，这成为中国传统设计理念中

---

① 黄寿祺，张善文. 周易译注. 上海：上海古籍出版社，1989：563.

关于道与器关系的源头。所谓"形而下为器，形而上为道"的传统器具设计观念中，"形"是连接"器"与"道"的中间环节。形是指器具的客观实在性，"形而下为器"是指器具客观实体的物质状态，如器具的功能、结构、工艺或使用方式等因素。"形而上为道"是指器具实体的精神因素，如器具的文化语义、象征意义等因素。而"器以藏道"体现中国传统器具的精神意义，因此"器以藏道"的传统设计文化语义价值观就是"形而上为道"的延伸意义。

中国传统权衡器具设计体现了"器以藏道"的传统文化语义价值观。"器"强调器具设计的实用功能，"道"体现器具设计的文化语义。权衡器具的"道"所包含的文化语义是从实用功能延伸出的象征意义。传统权衡器具所藏之"道"包括自然之道、人之道和社会之道。中国传统权衡器具是遵循科学的杠杆原理而设计，是艺术与科学完美结合的典范，这就是传统权衡器具所藏"自然之道"。"公平与公正"本是权衡器具的实用称量的功能属性，在此基础上延伸到社会价值观念领域，形成社会成员之间公平与公正的伦理道德属性。这就是传统权衡器具所藏的"人之道"。标准化与规范化是权衡器具的物质功能属性，但这一物的属性，却影响到社会秩序的标准与规范方式，这就是权衡器具所藏的"社会之道"。可见，中国传统权衡器具设计体现了"器以藏道"的传统文化语义价值观。

通过对中国传统权衡器具设计原理、设计范式、本体设计、设计文化等四个方面的研究，形成了对传统权衡器具"承接累进"的器具设计范式进化观、"物以致用"的传统功能主义设计观、"器以藏道"的传统文化语义价值观等三方面的设计思考，这也是传统权衡器具的设计观，这些思考从器具设计的角度理解传统权衡器具的设计传统与历史文脉，以期给中国当代设计新的启示。

参考文献

西格蒙德·弗洛伊德. 论文明. 徐洋等译. 北京：国际文化出版公司，2000.

M·兰德曼. 哲学人类学. 阎嘉译. 贵阳：贵州人民出版社，2006.

恩斯特·卡西尔. 论人——人类文化哲学导论. 刘述先译. 桂林：广西师范大学出版社，2006.

雷德侯. 万物. 张总等译. 北京：生活·读书·新知三联书店，2005.

费尔南·布罗代尔. 地中海考古. 北京：社会科学文献出版社，2005.

克洛德. 列维·斯特劳斯. 结构人类学. 张祖建译. 北京：中国人民大学出版社，2009.

尚·布希亚. 物体系. 林志明译. 上海：上海人民出版社，2001.

维特鲁威. 建筑十书. 高履泰译. 北京：知识产权出版社，2001.

班固·汉书. 北京：中华书局，1962.

刘勰，周振甫注. 文心雕龙注释. 北京：人民文学出版社，1981.

桑弘羊. 新编诸子集成. 北京：中华书局，1992.

司马迁. 史记. 北京：中华书局，1982.

王符. 潜夫论·务本第二. 诸子集成（八）. 北京：中华书局，2006.

许慎. 段玉裁注. 说文解字. 上海：上海古籍出版社，1988.

赫伯特·A. 西蒙. 人工科学. 武夷山译. 北京：商务印书馆，1987.

怀特. 文化科学. 曹锦清等译. 杭州：浙江人民出版社，1988.

贾雷德·戴蒙德. 枪炮、病菌与钢铁. 谢延光译. 上海：上海世纪出版集团，2006.

克利福德·格尔茨. 文化的解释. 韩莉译. 南京：译林出版社，1999.

库恩. 科学革命的结构. 上海：上海科技出版社，1980.

马尔库塞. 审美之维：马尔库塞美学论著集. 李小兵译. 生活·读书·新知三联书店，1989.

苏珊·朗格. 情感与形式. 刘大基等译. 北京：中国社会科学出版社，1986.

唐纳德·诺曼. 设计心理学. 梅琼译. 北京：中信出版社，2003.

威廉·哈维兰. 文化人类学. 瞿铁鹏译. 上海：上海社会科学出版社，2006.

宋应星. 天工开物. 武汉：岳麓书社，2002.

文震亨. 长物志图说. 济南：山东画报出版社，2004.

阮元·十三经注疏. 北京：中华书局，1980.

富田彻男. 技术转移与社会文化. 张明国译. 北京：商务印书馆，2003.

柳宗悦. 工艺文化. 徐艺乙译. 桂林：广西师范大学出版社，2006.

沈括. 梦溪笔谈. 武汉：岳麓书社，2002.

克罗齐. 美学原理. 朱光潜译. 上海：上海世纪出版集团，2007.

艾伦·鲍尔斯. 自然设计. 王立非译. 南京：江苏美术出版社，2001.

弗兰克·惠特福. 包豪斯. 林鹤译. 北京：生活·读书·新知三联书店，2001.

贡布里希. 秩序感. 范景中译. 长沙：湖南科学技术出版社，1999.

罗素. 论历史. 何兆武等译. 桂林：广西师范大学出版社，2001.

马尔科姆·巴纳德. 理解视觉文化的方法. 常宁生译. 北京：商务印书馆，2005.

皮特·J. 鲍勒. 进化思想史. 南昌：江西教育出版社，1999.

威廉·荷加斯. 美的分析. 杨成寅译. 桂林：广西师范大学出版社，2005.

约翰·罗斯金. 建筑的七盏明灯. 张璘译. 济南：山东画报出版社，2006.

脱脱. 宋史. 北京：中华书局，1985.

《中国古代科技文物展》编辑委员会. 中国古代科技文物展. 北京：朝华出版社，1997.

爱德华·泰勒. 原始文化. 连树声译. 桂林：广西师范大学出版社，2005.

包林. 设计的视野. 石家庄：河北美术出版社，2003.

晁华. 山西汉称钱天平与砝码. 文物，1977，11：69.

陈华文．文化学概论．上海：上海文艺出版社，2001．

戴吾三．考工记图说．济南：山东画报出版社，2003．

丁玉兰．人机工程学．北京：北京理工大学出版社，2005．

杜金娥．谈西汉称钱衡的砝码．文物，1982，8：73．

高丰．中国器物艺术论．太原：山西教育出版社，2001．

高丰．中国设计史．桂林：广西美术出版社，2005．

高至喜．湖南楚墓中出土的天平与砝码．考古，1972，4．

葛兆光．中国思想史．上海：复旦大学出版社，2001．

关于江陵凤凰山168号汉墓天平衡杆文字的释读问题．文物，1977，1：40．

郭正忠．关于宋代"垣曲县店下样"的几点考释．文物，1987，9．

郭正忠．三至十四世纪的中国权衡度量．北京：中国社会科学出版社，1993．

国家计量总局，中国历史博物馆，故宫博物院．中国度量衡图集．北京：文物出版社，1984．

杭间．手艺的思想．济南：山东画社出版社，2001．

杭间．中国工艺美学思想史．太原：太岳文艺出版社，1994．

湖北江陵凤凰山一六八号汉墓发掘简报．文物，1975，9．

黄厚石，孙海燕．设计原理．南京：东南大学出版社，2005．

黄今言．秦汉商品经济研究．北京：人民出版社，2005．

黄时鉴，沙进．十九世纪中国市井风情三百六十行．上海：上海古籍出版社，2000．

姜云．事物论．海口：南方出版社，2002．

兰久富．社会转型时期的价值观念．北京：北京师范大学出版社，1999．

李春泰．科学形态论．北京：科学出版社，2006．

李济．中国文明的开始．南京：江苏教育出版社，2005．

李立新．中国设计艺术史论．天津：天津人民出版社，2004．

李喜先．技术系统论．北京：科学出版社，2005．

李孝悌．中国的城市生活．北京：北京新星出版社，2006．

李心峰．艺术类型学．北京：文化艺术出版社，1998．

李学勤．中国古代文明研究．上海：华东师范大学出版社，2005．

李砚祖．工艺美术概论．济南：山东教育出版社，2002．

李砚祖．设计艺术学研究的对象与范围．清华大学学报，2003，5：69．

李砚祖．造物之美．北京：中国人民大学出版社，2000．

李砚祖．装饰之道．北京：中国人民大学出版社，1993．

李泽厚．美学三书．合肥：安徽文艺出版社，1999．

李浈．中国传统建筑木作工具．上海：同济大学出版社，2004．

梁庚尧．南宋的农村经济．北京：新星出版社，2006．

林德宏．人与机器．南京：江苏教育出版社，1999．

林惠祥．文化人类学．北京：商务印书馆，1991．

凌继尧，徐恒醇．设计艺术学．上海：上海人民出版社，2000．

刘岱．中国文化新论．北京：生活·读书·新知三联书店，1992．

刘东瑞．谈战国时期的不等臂秤"王衡"．文物，1979，4．

刘冠军．认识论透视下的人工自然．科学技术与辩证法，1994，2：6．

刘克明．中国技术思想研究．成都：四川出版集团巴蜀书社，2004．

刘晓纯．从动物快感到人的美感．济南：山东文艺出版社，1997．

刘远传．社会本体论．武汉：武汉大学出版社，1999．

柳冠中．苹果集：设计文化论．哈尔滨：黑龙江科学技术出版社，1997．

柳冠中．工业设计学概论．哈尔滨：黑龙江科学技术出版社，1992．

柳冠中．设计"设计学"——人为事物的科学．美术观察，2000，2：53．

柳冠中，李永春．轮子与设计．新美术，2006，2．

吕品田．中国民间美术观念．南京：江苏美术出版社，1992．

潘鲁生．民艺学论纲．北京：北京工艺美术出版社，1998．

佩卓斯基．器具的进化．北京：中国社会科学出版社，1999．

清康熙十八年苏州府颁行的校准砝码．文物，1990，1：95．

丘光明，丘隆，杨平．中国科学技术史——度量衡卷．北京：科学出版社，
2001．

丘光明．货币与度量衡．考古，2001，5：77．

丘光明．中国古代度量衡简论．文物，1984，10．

荣庚．金文编（卷一）．北京：中华书局，1985．

陕西省博物馆．西安市西郊高窑村出土秦高奴铜石权．文物，1964，9．

商承祚．中国古代度量衡论文集．郑州：中州古籍出版社，1990．

尚秉和．历代风俗事物考．北京：中国书店，2001．

王占北．手工制作杆秤的现状研究和探讨．装饰，2006，2．

司马云杰．文化社会学．北京：中国社会科学出版社，2001．

帅希彭．四川彭山一座残岩墓．考古，1991，6．

苏秉琦．地层学与器物形态学．文物，1982，4：5．

塔克．设计．童未央译．北京：生活·读书·新知三联书店，2002．

谭润华．发明问题解决理论．北京：科学出版社，2004．

唐林涛．设计事理学理论、方法与实践．清华大学博士论文，2004．

汪民安．文化研究关键词．南京：江苏人民出版社，2007．

王琥．中国传统器具设计研究．南京：江苏美术出版社，2004．

王菊生．造型艺术原理．哈尔滨：黑龙江美术出版社，2000．

王荔．中国设计思想发展简史．长沙：湖南科学技术出版社，2003．

王圻．三才图会．上海：上海古籍出版社，1988．

王岳川．艺术本体论．北京：中国社会科学出版社，2005．

王云．中国古代度量衡论文集．郑州：中州古籍出版社，1990．

王振复．中国美学史教程．上海：复旦大学出版社，2004．

邬焜．信息哲学．北京：商务印书馆，2005．

巫鸿．秦权研究．故宫博物院院刊，1979，4．

吾淳．中国古代科学范型．北京：中华书局，2002．

吾淳．中国思维形态．上海：上海人民出版社，1998．

吴承洛．中国度量衡史．上海：上海书店出版社，1984．

西方工业设计300年：功能、形式、方法1700—2000．长春：吉林美术出版社，
2002．

奚传绩．设计艺术经典选读．南京：东南大学出版社，2002．

周世荣．湘潭发现北宋标准权衡器——铜则．文物，1977，7：79．

徐飚．成器之道——先秦工艺造物思想研究．南京：南京师范大学出版社，
1999．

徐艺乙. 物华工巧. 天津: 天津人民美术出版社, 2005.

许平. 造物之门. 西安: 陕西人民美术出版社, 1998.

许倬云. 中国古代社会史论. 桂林: 广西师范大学出版社, 2006.

许倬云. 中国古代文化的特质. 北京: 新星出版社, 2006.

阎文儒. 中国石窟艺术总论. 桂林: 广西师范大学出版社, 2003.

杨砾, 徐立. 人类理性与设计科学. 沈阳: 辽宁人民出版社, 1987.

伊世同. 量天尺考. 文物, 1978, 2.

阴训法, 陈凡. 论技术人工物的三重性. 自然辩证法研究, 2004, 7: 28.

尹定邦, 邵宏. 设计学概论. 长沙: 湖南科学技术出版社, 2007.

尹定邦. 设计学概论. 长沙: 湖南科学技术出版社, 1999.

袁行霈, 严文明. 中华文明史 (第四卷). 北京: 北京大学出版社, 2006.

袁运开, 周翰光. 中国科学思想史. 合肥: 安徽科学技术出版社, 2002.

翟光珠. 中国古代标准化. 太原: 山西人民出版社, 1980.

张孟常. 器以载道. 北京: 中国摄影出版社, 2002.

张勋燎. 杆秤的起源和秦权的使用方法. 四川大学学报, 1977, 3.

章利国. 设计艺术美学. 济南: 山东教育出版社, 2002.

赵丙焕. 河南新郑发现元代铜权. 考古, 1988, 2.

赵江洪. 设计心理学. 北京: 北京理工大学出版社, 2004.

赵农. 中国艺术设计史. 西安: 陕西人民美术出版社, 2005.

赵毅衡. 符号学——文学论文集. 天津: 百花文艺出版社, 2004.

俞天舒. 浙江瑞安发现北宋熙宁铜权. 文物, 1975, 8: 93.

中国大百科全书《考古学》编辑委员会. 中国大百科全书·考古学. 中国大百科全书出版社, 1992.

朱华. 近年来山西出土的一些古代货币. 文物, 1976, 10.

朱涛. 人体工程学图解——设计中的人体因素. 北京: 中国建筑工业出版社, 1998.

朱祖祥. 人类工效学. 杭州: 浙江教育出版社, 1994.

诸葛铠. 设计艺术学十讲. 济南: 山东画报出版社, 2006.

诸葛铠. 图案设计原理. 南京: 江苏美术出版社, 1991.

附录1　元代秤砣统计表①

序号	时间	自重	设计形制	出土收藏地	资料来源	备注
1	至元五年（1268年）	500克	鼻纽残，束腰圆体、环阶底座、铭："至元五年，益都路"	山东沂水县	《考古》1984-3-284	铜质、二十斤秤
2	至元八年（1271年）	858克	方纽圆孔、束腰圆体、环阶底座、铭："至元八年，博州路造"	河北临城县	《考古》1993-5-477	铜质
3	至元八年（1271年）	550克	方纽圆孔、束腰圆体、环阶底座、铭："至元八年，益都路总管府造"	山东寿光市	《考古》1996-12-24	铜质
4	至元八年（1271年）	497克	方纽圆孔，底座有弦纹五周，铭："至元八年，中都路造"	北京地区	《文物》1987-11-69	铜质
5	至元九年（1272年）	900克	方纽圆孔、束腰圆体、环阶底座、铭："至元九年京兆路官造"	陕西渭南市	《文物》1977-2-92	铜质
6	至元九年（1272年）	900克	方纽圆孔、束腰圆体、环阶底座、铭："至元九年北路官造"	陕西周至县	《文物》1978-2-96	铜质

---

① 此表根据《文物》《考古》两刊所发表元代秤砣资料整理而成。

序号	时间	自重	设计形制	出土收藏地	资料来源	备注
7	至元十八年（1281年）	620克	方纽圆孔，亚腰圆柱体，环阶底座、铭："至元十八年池州路总管府，天四八"	安徽池州市	《考古》1997-10-35	铜质
8	至元廿二年（1285年）	350克	方纽圆孔，亚腰圆体，环阶底座、铭："至元廿二年、潭州路造，六"	湖南彬州市	《考古》1996-12-52	铜质
9	至元廿三年（1286年）	500克	方纽圆孔、六棱八面体、束腰方座，铭："至元廿三年、益都路总管府"	山东益都县	《考古》1988-3-287	铜质
10	至元廿五年（1288年）	720克	方纽圆孔、束腰圆体、环阶底座、铭："至元廿五年、付二十四"	江苏江阴市	《考古》1986-9-781	铜质
11	至元廿九年（1292年）	330克	方纽圆孔、束腰棱体、环阶底座铭："至元廿九年、益都路总管府"	山东莱西市	《文物》1982-7-85	铜质
12	至元十一年（1294年）	570克	扁钟形、圆环鼻、上薄下厚，铭："至元三十一年造天□，泉州路总管府"	福建泉州市	《考古》1986-11-1048	铜质
13	元贞元年（1295年）	933克	六面体形，方孔圆纽，束腰底座，铭："元贞元年大都路造，半斤锤，三十五斤秤"用汉文、波斯文、蒙文三种文字写成。	北京地区	《文物》1987-11-69	铜质
14	元贞二年（1296年）	750克	六面体塔形、方环纽、下呈梯形，铭："元贞二年，大都路造"	河北承德市	《考古》1994-10-960	铜质
15	大德元年（1297年）	290克	方纽圆孔、束腰圆体、环阶底座、铭："大德元年工造，和，汴梁路总管府"	河南新乡市	《考古》1986-1-92	铜质

序号	时间	自重	设计形制	出土收藏地	资料来源	备注
16	大德元年（1297年）	400克	束腰圆体、方纽圆孔、环阶底座、铭："大德元年，益都官造"	河北盐山县	《考古》1992-1-94-96	铜质
17	大德元年（1297年）	422克	六面体塔形、方环纽、环阶底座，铭："大德元年十二月日造，保定路校勘相同"	北京地区	《文物》1987-11-69	铜质
18	大德二年（1298年）	275克	方纽圆孔、鼓腹束腰，环阶底座，铭："大德二年"	湖南安化县	《考古》1995-1-87	铜质
19	大德二年（1298年）	500克	方纽圆孔、六面体，上窄下宽，环阶底座，铭："大德二年、池州路□□"	安徽望江县	《考古》1994-8-768	铜质
20	大德三年（1299年）	725克	方纽圆孔、六面体、环阶底座，铭："大德三年大德路造"	河北宽城县	《文物》1990-9-55	铜质
21	大德三年（1299年）		方纽圆孔、六面体，环阶底座，铭："大德三年大都路造，二十五斤称"用汉文、八思巴文写成	大连地区	《考古》1987-11-1053	铜质
22	大德四年（1300年）	970克	束腰圆体、方纽圆孔、环阶底座，铭："大德四年，扬州路官造"	安徽舒城县	《考古》1988-6-517	铜质
23	大德四年（1300年）	265克	束腰圆体、方纽圆孔、环阶底座，铭："大德四年，柳州路造、十八"	湖北沔阳	《文物》1986-7-49	铜质
24	大德五年（1301年）	750克	六面体塔形、方环纽、下呈梯形，铭："大德五年，大都路造、三十五斤秤"	河北盐山县	《考古》1992-1-94	三十五斤秤、铜质

续表

序号	时间	自重	设计形制	出土收藏地	资料来源	备注
25	大德五年（1301年）	580克	六面体塔形、方环纽、下呈梯形，铭："大德五年，二十五斤秤"	河北盐山县	《考古》1992-1-94	二十五斤秤、铜质
26	大德六年（1302年）	746克	六面体塔形、方环纽、下呈梯形，铭："壬寅大德六年，庆元路总管府，人字一号"	浙江岱山县	《文物》1979-12-12	铜质
27	大德七年（1303年）	440克	方纽圆孔、亚腰圆体、环阶底座、铭："大德七年，官造"	河北宽城县	《文物》1990-9-55	铜质
28	大德七年（1303年）	235克	八面体形，方纽圆孔，束腰底座，铭："大德七年，潭州路造、五"	湖南芷江县	《考古》1990-5-389	铜质
29	大德七年（1303年）	360克	束腰圆体、方纽圆孔、有底座，铭："大德七年造，袁州路总管府"	江西分宜县	《文物》1992-9-45	铜质
30	大德八年（1304年）	933克	六面体形，方孔圆纽，束腰底座，铭："大德八年大都路造，半斤锤、三十五斤秤"用汉文、波斯文、蒙文三种文字书	北京地区	《文物》1987-11-69	铜质
31	大德八年（1304年）		束腰圆体、方纽圆孔、环阶底座，铭："大德八年，六一"	广州博物馆	《考古》1995-10-867	铜质
32	大德八年（1305年）		束腰圆体、方纽圆孔、环阶底座，铭："大德九年，江西路"	广州博物馆	《考古》1995-10-867	铜质
33	大德十年（1306年）	450克	六棱六面扁平体，方纽圆孔，束腰，台阶底座，铭："大德十年，益都路"	江苏灌云县	《考古》1995-3-287	铜质

续表

序号	时间	自重	设计形制	出土收藏地	资料来源	备注
34	大德十年（1306年）	960克	束腰圆体、方纽圆孔、环阶底座，铭："计五十五斤，大德十年造，廿五号"	安徽舒城县	《考古》1988-6-517	铜质
35	大德十一年（1307年）	445克	六棱六面扁平体，方纽圆孔，束腰，台阶底座，铭："大德十一年，益都路"	山东临沂市	《文物》1986-4-95	铜质
36	至大二年（1309年）	825克	束腰圆体、方纽圆孔、环阶底座，铭："至大二年，汴梁路"	河南新郑市	《考古》1988-2-140	铜质
37	至大三年（1310年）		束腰圆体、方纽圆孔、环阶底座，铭："至大三年□号，大都路较同一十五斤"	大连地区	《考古》-1987-11-1053	铜质
38	皇庆元年（1312年）		六面体形、方环纽，铭："皇庆元年、总管府造，千"	大连地区	《考古》-1987-11-1053	铜质
39	延祐元年（1314年）	400克	六面体塔形、方环纽、下残，铭："延祐元年、王"	河北盐山县	《考古》1992-1-94-96	铜质
40	延祐元年（1314年）	350克	六面体塔形、方环纽、下呈梯形，铭："延祐元年、教同"	河北盐山县	《考古》1992-1-94	铜质
41	延祐元年（1314年）	435克	六棱六面扁平体，方纽圆孔，束腰，台阶底座，铭："较同，沂州，益都路"	山东临沂市	《文物》1986-4-95	铜质
42	延祐元年（1314年）	235克	六面扁平体，方纽圆孔，束腰，台阶底座，铭："延祐元年，瑞安州"	浙江瑞安县	《文物》1985-3-31	铜质
43	延祐四年（1317年）	450克	六面扁平体，方纽圆孔，束腰，台阶底座，铭："延祐四年，天，廿九"	安徽青阳县	《考古》1988-6-498	铜质

序号	时间	自重	设计形制	出土收藏地	资料来源	备注
44	延祐五年（1318年）	142克	束腰圆体、方纽圆孔、环阶底座，铭："延祐五年"	湖南城步县	《文物》1988-10-96	铜质
45	延祐五年（1318年）		六角塔型，束腰，方环纽，铭："延祐五年，较同，九"	大连地区	《考古》1987-11-1053	铜质
46	延祐六年（1319年）	705克	束腰圆体、方纽圆孔、环阶底座，铭："延祐六年，千，校勘相同，依样承造"	山东掖县	《考古》1991-4-384	铜质
47	延祐七年（1320年）	575克	束腰圆体、方纽圆孔、环阶底座，铭："延祐七年，一十"	山东临沂市	《文物》1986-4-95	铜质
48	至治元年（1321年）	565克	束腰圆体、方纽圆孔、环阶底座，铭："至治元年，益都路"	山东临沂市	《文物》1986-4-95	铜质
49	泰定元年（1324年）	500克	六面体形、方纽圆孔、环阶底座，铭："泰定元年，益都路造"	山东博兴县	《考古》1985-3-420	铜质
50	泰定二年（1325年）	764克	六面体形、方纽圆孔、环阶底座，铭："泰定二年，校勘相同"	山东微山县	《文物》1992-5-48	铜质
51	泰定五年（1328年）	770克	方纽圆孔、亚腰柱体、环阶底座、铭："泰定五年奉元路造"	陕西扶风县	《文物》1977-2-92	铜质
52	致和元年（1328年）	725克	六棱六面体，方纽圆孔、环阶底座，铭："致和元年，益都路，造，千"	山东沂水县	《考古》1989-5-417	
53	致和元年（1328年）		束腰圆体、方纽圆孔、环阶底座，铭："致和元年，益都路造"	大连地区	《考古》-1987-11-1053	铁质

续表

序号	时间	自重	设计形制	出土收藏地	资料来源	备注
54	天历三年（1330年）	665克	方纽圆孔、环阶底座、铭："天历三年，皇莆，大都路较同二十五斤"	北京地区	《文物》1987-11-69	铜质
55	天历三年（1330年）	610克	束腰圆体、方纽圆孔、环阶底座，铭："天历三年，校勘相同"	山东掖县	《考古》91-4-384	铜质
56	至顺元年（1330年）	500克	束腰圆体、方纽圆孔、环阶底座，铭："至顺元年，益都路"	山东利津县	《考古》1996-12-43	铜质
57	至顺元年（1330年）	900克	六面扁体，桥纽，方座，铭："南京、皇莆，大都路造较，同三十五斤，至顺元年"	辽宁阜新市	《考古》-1990-2-189	铜质
58	至顺二年（1331年）	140克	六面扁平体，方纽，束腰，台阶底座，铭："温州路总管府，至顺二年造"	浙江瑞安县	《文物》1985-3-31	铜质
59	至顺三年（1332年）	645克	六面体形、方纽圆孔、环阶底座，铭："至顺三年，益都路"	山东沂水县	《考古》1985-2-190	铜质
60	至顺三年（1332年）	900克	六面体形、方纽圆孔、环阶底座，铭："至顺三年，益都路造，平"	江苏赣榆县	《考古》1997-9-76	铜质
61	元统□年（1333~1335年）	325克	六面体形、方纽圆孔、环阶底座，铭："元统□年"	浙江瑞安县	《文物》1985-3-31	铜质
62	至元二年（1336年）	625克	六面体塔形、方环纽、下呈梯形，铭："至元二年、校勘相同、般阳路总管府"	河北盐山县	《考古》1992-1-94-96	铜质
63	至元三年（1337年）	1400克	束腰圆体、方纽圆孔、环阶底座，铭："至元三年"	辽宁阜新市	《考古》-1990-2-189	铜质

续表

序号	时间	自重	设计形制	出土收藏地	资料来源	备注
64	至正二年（1342年）	400克	六面体塔形、方环纽、下呈梯形，铭："至正二年，迁安县，官平"	河北承德市	《考古》1994-10-960	铜质
65	至正四年（1344年）		束腰圆体、方纽圆孔、环阶底座，铭："至正四年，"	大连地区	《考古》-1987-11-1053	铜质
66	至正六年（1346年）	500克	束腰圆体、方纽圆孔、环阶底座，铭："至正六年，懿州路造，"	辽宁阜新市	《考古》-1990-2-189	铜质
67			校勘相同，同二十五斤			
68	至正廿四年（1364年）	490克	六面体塔形、方环纽、下呈梯形，铭："至正廿四年，重廿五斤，永平路总管府，官造，三十一"	河北承德市	《考古》1994-10-960	二十五斤秤、铜质
69	时间不详	740克	六面体塔形、方环纽、下呈梯形，无铭文	河北承德市	《考古》1994-10-960	铜质
70	时间不详	400克	圆球体，方形纽，覆钵叠涩底座，铭："二"字	河北承德市	《考古》1994-10-960	铜质
71	时间不详	220克	圆球体，方形纽，底座残，铭："上二号"	河北承德市	《考古》1994-10-960	铜质
72	时间不详	390克	圆球体，方形纽，覆钵叠涩底座，无铭文	河北承德市	《考古》1994-10-960	铁质
73	时间不详	725克	方纽圆孔、鼓腹束腰，环阶底座，铭："济南路，官较同"	北京地区	《文物》1987-11-69	铜质
74	时间不详	380克	圆球体，方形纽，梯形底座，铭："九"	河北盐山县	《考古》1992-1-94	铜质
75	时间不详		六面体形、方纽圆孔，环阶底座，铭："衡州路造，至□三年"	广州博物馆	《考古》1995-10-867	铜质

续表

序号	时间	自重	设计形制	出土收藏地	资料来源	备注
76	时间不详	750克	方环纽，球体束腰，圆台底座，铭："梁家二士"	江苏灌云县	《考古》1995-3-287	铜质
77	时间不详	90克	方环纽，球体束腰，圆台底座，无铭文	山东临沂市	《文物》1986-4-95	铜质
78	时间不详	283克	亚腰柱体，方纽圆孔，环阶底座，铭："潭州路造"	湖南华容县	《考古》1986-11-981	铜质
79	时间不详	394克	六面体形、方纽圆孔，环阶底座，铭："大都路造，皇甫"	朝阳博物馆	《文物》1997-11-92	铜质
80	时间不详	431克	六面体形、方纽圆孔，环阶底座，无铭文	朝阳博物馆	《文物》1997-11-92	铁质
81	时间不详	450克	六面体形、方纽圆孔，环阶底座，铭："皇甫，已亥"	朝阳博物馆	《文物》1997-11-92	铜质
82	时间不详	320克	六面体形、方纽圆孔，环阶底座，铭："皇甫，二"	朝阳博物馆	《文物》1997-11-92	铜质
83	时间不详	255克	六面体形、方纽圆孔，环阶底座，铭："皇甫，南京"	朝阳博物馆	《文物》1997-11-92	铜质
84	时间不详	358克	六面体形、方纽圆孔，环阶底座，铭文不清	朝阳博物馆	《文物》1997-11-92	铜质
85	时间不详	384克	六面体形、方纽圆孔，环阶底座，无铭文	朝阳博物馆	《文物》1997-11-92	铜质
86	时间不详	838克	鼓腹束腰、方纽圆孔，环阶底座，无铭文	朝阳博物馆	《文物》1997-11-92	铜质

续表

序号	时间	自重	设计形制	出土收藏地	资料来源	备注
87	龙凤六年（1360年）	700克	六面体，桥纽圆孔，亚腰底座，铭："都府茂勘相同，龙凤六年"	山东昌乐县	《考古》1995-1-49	铜质
88	龙凤七年（1361年）	373克	六面体形、方纽圆孔，环阶底座，铭："龙凤七年"	浙江义乌	《文物》1987-9-93	铜质
89	天统三年（1364年）	559克	六面扁体，方纽，方座，铭："天统三年，制造，大□"	河北师院	《文物》1992-7-96	铜质

附录2 秤砣自重与秤杆长度的行业统一标准表

序号	最大称量	杆长（cm）	砣重	最大允许误差（mg）	砣重与最大称量之比（%）	最小分度值
1	200kg（400斤）	170	5kg（10斤）	750	2.5	200g
2	150kg（300斤）	150	4.5kg（9斤）	750	3	200
3	100kg（200斤）	140	3.5kg（7斤）	750	3.5	200g
4	50kg（100斤）	110	2.5kg（5斤）	750	5	100g
5	30kg（60斤）	90	1.5kg（3斤）	300	5	50g
6	15kg（30斤）	70	750g（1斤半）	150	5	20g
7	10kg（20斤）	60	500g（1斤）	75	5	20g
8	5kg（10斤）	55	250g（半斤）	75	5	10g
9	3kg（6斤）	50	150g（3两）	30	5	5g
10	1kg（2斤）	40	50g（1两）	10	5	2g
11	500g（1斤）	不限定	75g（1两半）	15	15	2g
12	250g（半斤）	不限定	37.5g	10	15	1g
13	200g（4两）	不限定	30g	10	15	1g
14	50g（1两）	不限定	7.5g	6	15	200mg

续表

序号	最大称量	杆长 （cm）	砣重	最大允许误差 （mg）	砣重与最大 称量之比 （%）	最小分 度值
15	25g（半两）	不限定	3.75g	5	15	100mg
备注						

备注	（1）零点纽的末称量与最大称量纽的首称量不限，但必须衔接。 （2）最小分度值是指秤杆刻度中相邻的两个刻度之间的差值。

注：本表根据《中华人民共和国国家计量检定规程 JJG–2002》中国计量出版社 2003 年 1 月版

附录3　关于制秤工艺的田野调查资料

伴随现代化进程的快速发展，中国传统器具设计在日新月异的工业化冲击下，其生存的空间被无限挤压，以至失去最后的生存底线。传统器具设计在今天的确失去了它在传统社会中曾经的使用价值，没有人再用扁担载物，也没有人再穿草鞋……但是它自身承载着中国传统器具设计一脉相承的文化价值和优秀传统。传统权衡器具——杆秤的制作是中国传统器具设计制作的重要品类，传统制秤业曾经是千百民间制秤匠人谋生的手段。但是今天随着各类电子秤的广泛使用，传统杆秤的使用已经越来越少，传统制秤业也几乎消失。本书在写作过程中，走访了多位制秤艺人，他们有的还坚持以此为生，尽管收入微薄，但是对制秤的兴趣和爱好，使他们一直坚守着。

1. 江苏东台夏松琴艺人

　　采访人：程颖　　　　　　　**被采访人：**夏松琴

　　采访地点：江苏省东台市东亭镇

　　采访内容：夏松琴原是东台市衡器厂的工人，早年跟父亲学习制秤手艺。她的父亲是中华人民共和国成立前的民间制秤艺人，中华人民共和国成立后，进入东台市衡器厂，20世纪70年代夏松琴接父亲的班，进入衡器厂工作。后来随着改革开放的进展，90年代东台市衡器厂改制发展，夏松琴下岗待业在家。为了谋生，也是因为多年对制秤手艺的热爱，她便在自家门口的街边摆起了手工制秤的小摊。夏松琴居住在东台市东亭镇，由于东亭镇距离东台市区较近，故而也划归东台市区范围，所以现在夏松琴居住的附近是城乡交界的地区，附近的农民把自家种植的蔬菜、水果等农产品，挑到东台市区沿街售卖。零售这些农副产品的农民经常需要杆秤，因而夏松琴的制秤摊，很受欢迎，每天都能售卖5至10把杆秤。因此收入尽管不是很丰厚，但却能补贴日常家用开支。每天早上八点左右，夏松琴准时从家出来，将秤摊支在街边，一直到下午五、六点才收摊，十几年来风雨无阻。夏松琴说她本想把她的制秤手艺传给儿子，可是儿子嫌赚钱太少而不愿学，情愿在附近开了一家烟花爆竹店。据夏松琴讲现在秤杆不需要自己加工，而是直接从南通批发来很多加工好的秤杆。秤星粉要自己调兑。除了在街边摆了秤摊，她还在自家房子底楼置了一间储藏室兼作平时加工杆秤的作坊。

采访照片如图1～图6所示：

图1　东台夏松琴的秤摊

图2　采访制秤工艺

图 3　采访夏松琴制秤工艺

图 4　夏松琴家庭制秤现场

图 5　夏松琴制秤操作台

图 6　夏松琴在制秤

2. 浙江永康施华山艺人

采访人： 程颖　　　　　　　　　**被采访人：** 施华山

采访地点： 江苏省吴县车坊镇

采访内容： 施华山本是浙江永康人，浙江永康是衡器之乡，有国内最大的"永康衡器市场。"施华山十几岁就跟随制秤艺人学习制秤手艺，他的师傅是永康当地有名的制秤艺人。他一直在制秤作坊帮工，也在国营工厂上过班。20 世纪 80 年代，退休回家，没有什么事情做，就又干起了老本行，重新制秤卖秤。由于家有亲戚在苏州吴县，80 年代便来到苏州吴县车坊镇开设秤店。一干就是二十几年。刚开始，吴县计量管理局还组织制秤艺人培训，并发给合格证方能从事制秤行业，他们开设的秤店都在计量管理局有备案。随着年龄越来越大，施华山也想让儿子继承他的手艺，但年轻人多半看不上这个，在父亲的劝说下，儿子开了一家衡器商店，专营各种电子秤、磅秤等现代衡器，虽然店里也挂些父亲的手工杆秤，但买的人很少。施华山说他经营传统衡器杆秤，他儿子经营现代电子秤等现代衡器。比较起来儿子的生意要好得多，但他喜欢一边制秤，一边卖给附近的农家用，尽管收入不多，但感觉很快乐。或许这种快乐多半是源自手工制作的快乐感和成就感。

采访照片如图7～图10所示：

图7　用弓步定秤星

图8　钻孔

图9　钉秤星

图10　打磨秤星

权衡器具形态演变		
	秤砣示意形态	秤砣实物形态